袁世凱秘書長張一麐回憶錄

古紅梅閣筆記

張一麐——原著・蔡登山——主編

導讀　張一麐與《古紅梅閣筆記》

蔡登山

張一麐（一八六七－一九四三），亦作一麟，字仲仁，別署紅梅閣主、心太平室主人，江蘇吳縣（今蘇州）人。幼時有神童之稱。十二歲應童子試，即為秀才。光緒十一年考中舉人。甲午中日海戰，清軍慘敗，康有為等「公車上書」，倡言變法圖強，在北京成立強學會，各地也紛紛成立學會，張一麐等在蘇州倡設蘇學會。光緒二十九年，張一麐錄取經濟特科，以候補知縣發往直隸擢用，遂得與時任直隸總督的袁世凱，結下一生之緣。其時袁世凱開府北洋，力行新政，不遺餘力地擴張幕府，收羅人才。張一麐成了袁世凱的重要幕僚。

宣統即位，載灃當政，袁世凱因勢力過大威脅到清政權，以足疾為由被開缺回籍，張一麐沒有像其他幕僚一樣另投新主，而是舉家南返，退居故里。一九一一年，袁世凱被起用為內閣總理大臣，重建幕府，張一麐被召回京襄助。袁世凱當總統後，張一麐被任命為機要秘書。一九一四年，袁世凱撤銷國務院，設政事堂，政事堂下設機要局，以張一麐為總統府秘書長兼機要局長，成為袁世凱最親密的幕僚之一。

張一麐為人正直，處事皆以民國大局為重，而不以北洋一系相拘束，自視為「北洋派中的非北洋派」，對袁世凱常以正言相規勸。袁世凱決心要稱帝，作為心腹幕友張一麐曾數次力勸袁「帝制不可強行，必待天與人歸……」，說到動情時幾乎掉下眼淚。見袁世凱不聽，勸諫的話語一次比一次加重，希望袁世凱不要受人蒙蔽，勿操切從事，而至身死國滅，為天下笑。在袁世凱稱帝的問題上，二人的分歧無法調和，嫌隙越來越深，關係漸行漸遠，終至於分道揚鑣。

眼看帝制即將失敗，在起草取消帝制令的時候，袁世凱首先想到了張一麐，有時一天召張一麐三次談話，實際上並沒什麼重要話談。據說，袁世凱死前感到最對不住的人就是張一麐。一九一六年六月六日袁世凱憂憤而卒，張一麐感其知遇之恩，痛哭一場，然後辭職南歸。張氏日後喟歎：「對於洪憲前事，曲突徙薪之無效，至焦頭爛額而已遲，認為生平傷心之一事。」

一九一七年八月，張一麐復任馮國璋大總統府秘書長，後隨馮國璋去位解職回籍。一九二一年，創議召開和平會議，會議失敗後，不復問政事，閒居蘇州。在此期間，曾與張謇組織蘇社；與李根源組織吳縣善人橋農村改進社，改良農業，興辦教育；與吳蔭培等創設吳中保墓會，保護鄉里文化遺蹟；參與《吳縣誌》總纂；倡議開闢體育場、圖書館、閱報室、植物園、蠶學館、博物館等社會文化教育設施。「九．一八」事變後，張一麐創辦《斗報周刊》，自署「江東阿斗」，撰發刊詞，號召奮起救亡圖存。「一．二八」淞滬抗戰爆發，張一麐積極參加各種活動，支援抗戰。

「八．一三」事變後，組織抗敵後援會，捐募軍需，收容難民，並與李根源著手組織「老子軍」，號召全國，凡六十歲以上者，前來從軍，與侵華日軍決一死戰，各地耆老聞風迴響，轟動全國。由於種種原因，「老子軍」沒有組成，但這愛國行動，對於鼓舞全國軍民同仇敵愾，起到了相當的作用。從此無人不知蘇州有個張仲老，而「老子軍」之名，也不脛而走，婦幼皆知。

蘇州淪陷後，張一麐扮僧易服匿居於城西穹窿山穹窿禪寺（即茅蓬寺）、拈花寺等處，安置傷兵，組織抗日。經人力勸後，才最後撤離，由上海取道香港，轉赴武漢。被聘為國民參政會參政員，後又隨參政會移住重慶。一九四三年十月，因病逝世於重慶，終年七十六歲。

《古紅梅閣筆記》是張一麐退出北京政壇後所作，定稿於一九三〇年。張一麐晚年退居蘇州，在聽楓園西端的吳殿直巷東頭，建宅居之。嚴格意義上講，這裡才是宋代詞人吳感宅院的故址。吳感愛梅花，所作〈折紅梅〉詞曾流傳：

化工別與、一種風情，似匀點胭脂，染成香雪。
重吟細閱。比繁杏夭桃，品格真別。

相傳吳感有家姬「紅梅」，能歌善舞，與主人之間有「我賦新辭，小紅低唱」的默契，而人們更願意相信吳感是因人愛梅，因愛而賦詞。所以吳感因「紅梅」而命之書房。而張一麐「以所居為宋吳感紅梅閣舊巷，輒以名之。」因此他的齋館稱為「古紅梅閣」，自號「古紅梅閣主人」，甚至把此生的遭際和心情寫成《古紅梅閣筆記》。他在該書的自序中說：「同人以鯫生經歷可補國聞，屬綴簡端，冀留夢影。酒闌燈灺，拉雜書之。昔《東齋記事》、《北夢瑣言》雖隸雜家，無傷大雅，茲所纂輯，意在存真，苟有然疑，寧從蓋闕。」指出該書內容翔實，正可補正史之闕。

在《古紅梅閣筆記》裡張一麐少稱神童，十二歲應童子試，就取中了秀才。跟祖輩在科舉之途上孜孜矻矻仍一無所獲不同，張一麐的登榮榜好像是易如探囊的事。接下來，十六歲（一八八二）赴鄉試，又是因為審題未清，從初定的第六名降為副榜第二名。雖然這是很令人沮喪的事情，但是張一麐卻得到本次考試的監考大人兩江總督左宗棠的賞識。原來，當榜發拆彌封時，發現考生只是一個十六歲的少年，現場一片譁然。左宗棠即令調出三場墨卷，查看有無槍替痕跡。檢查完畢，實無可疑，乃歎曰：「此小子將來當有出息！」終於，在十九歲順天鄉試時，張一麐以十六名中舉，主考是同鄉潘祖蔭、翁同龢。

張一麐的姐夫夏孫桐，是清末民初著名的詞人、學者，也是科考的考官之一，按照清代的考試制度，例當回避。但連續三次回避，這對張一麐來講讓他一度幾乎絕望。科舉不第，父親去世，生活艱窘，張一麐經父親故舊汲引，各處坐館，謀取稻粱。光緒癸卯（一九〇三），是張一麐時來運轉的一年。這年他應「經濟特科」廷試。以知縣發往直隸補用。直隸總督袁世凱一見即令入幕，這大概就是冥冥之中的因緣際會吧，從此以後，張一麐的人生就糾葛在袁世凱的世界裡。

作為新進幕僚，張一麐牢記「少說話，多幹事」的古訓，惴惴於公事。入幕一年，張一麐謹守：一不私謁府主；二不汲汲求進官階；三不求加薪一文；四不推諉工作。他步入了袁世凱的核心層。張一麐辦理文牘既工致又敏捷，「往往他人以數百言不能盡者，己以數十言了之而無不盡之義。嘗飯餘治官書，世凱對坐，且談且起草，一炊傾而十稿就，人誇為枚皋」。這一時期袁世凱與人書信，基本上都是由張一麐捉刀。當時北洋舉辦新政的許多章程條款，如警政、地方自治、外交、法律等，凡舊幕友不能辦者，袁世凱都一一託付於張一麐，張一麐自己也說「新政無役不從」。正是由於彼此感情的水乳交融，心理的互相信任，二人的關係很快進入「蜜月期」，也才有了「親如張一麐」之語。此時，張一麐也對袁世凱評價極高：「其不用私人，不有私財，非當世貴人所能望其項背。使遇承平之世，豈非卓卓賢長官哉？」

袁世凱是個城府極深的人，心思又密，所以他欣賞張一麐的單純坦直。從小站練兵時一直到袁世凱當大總統時期，張一麐隨著袁世凱一道起起落落，從一個普通幕僚一直做到專任政事堂的機要局長、總統府秘書長，成為袁世凱倚重的心腹。袁世凱曾對張一麐說過幾次絕不稱帝的話，張一麐信以為真，甚至對外宣稱，願以項上人頭擔保袁無稱帝思想。但到了一九一五年八月籌安會的發起，醞釀已久的帝制運動終於公開化了，張一麐幡然醒悟，自始至終反對最強烈的，就數他。他反對帝制主要是通過三種途徑，一是直接勸諫袁世凱勿為帝制，二則發動他人勸諫袁世凱，三則為勸阻以袁克定為中心的帝制派。張一麐的行為令帝制派極為嫉恨，必欲除之而後快。他們想方設法把張一麐調離機要局，改任教育總長，不復與聞機要。帝制派還以種種威逼手段，迫張附和帝制。張一麐後來回憶說：「僕自籌安會起，至帝制取消，此半年中，人為刀俎，我為魚肉。」處境岌岌可危如此。袁世凱稱帝時，不知出於什麼心理，他又極想讓張一麐來寫昭告天下的詔書，張一麐的「書生」氣頓時發作：「我歷來對橫行霸道者恨之入骨。袁詭譎竊政，我決不屈從。若要殺我，我是因不做幫兇而死的，有何懼哉」！有人在袁世凱面前挑唆說：「大總統命令，他竟敢違抗，真不識抬舉，把他殺掉算了！」袁世凱苦笑道：「我原諒他是個懦怯怕事的蘇州人、無用之輩，我大事未成，先開殺戒，恐失民心，暫且饒了他。」

袁世凱稱帝畢竟不得人心，引起西南地方實力派的起兵反抗，八十三天的皇帝夢，終告失敗。袁世凱想要發一個官方的撤銷帝制電令，竟又想起了早辭職回老家的張一麐。張一麐道：「此事為小人蒙蔽。」袁世凱道：「此是予自己不好，不能咎人。」張一麐起草好撤銷帝制令，交袁世凱審閱，袁世凱將譴責帝制派的語句削去，改稱自己：「誠不足以感人，明不足以燭物，予實不德，於人何尤？」張一麐原曾警告過楊度，若袁世凱稱帝不成，會把他當作晁錯殺掉以謝天下。結果出乎意料，袁世凱沒把帝制派視為替罪羊，而是把責任歸於自己，張一麐此時感到袁世凱「猶是英雄氣概也」。

袁世凱在取消帝制這段時期，與張一麐關係由疏遠重歸親近，有時一天召張三次談話。一次袁世凱說：「吾今日始知淡於功名、富貴、官爵、利祿者，乃真國士也。仲仁在予幕數十年，未嘗有一字要求官階俸給，嚴範孫（嚴修）與我交數十年，亦未嘗言及官階升遷，二人皆苦口阻止帝制，有國士在前，而不能聽從其諫勸，吾甚恥之。咎由自取，不必怨人。」袁世凱稱帝失敗，方感張一麐乃真國士，但為時已晚，禍國殃民之局已成。袁世凱臨死前對張一麐說：「你對得起我，我對不起你。」

《古紅梅閣筆記》的史料價值言，正是張一麐入參袁世凱幕府後，這些「內幕」的披露，構成了該書最稱精華的部分，是親見、親歷、親聞的一手資料，也是研究袁世凱不可多得的史料。例如一日早晨，袁世凱和張一麐談論公事，忽然問張一麐吃了沒，張一麐答已吃過，袁世凱就讓侍者上早餐。袁世凱邊談邊吃，先吃了二十個雞蛋，接著又吃了一蒸籠蛋糕，事未談完，早餐已盡。在一邊的張一麐看得目瞪口呆。《古紅梅閣筆記》中有記載：「先食雞子（雞蛋）二十枚，繼而進蛋糕一蒸籠，剖食皆盡。余私意此二十雞蛋一盤蛋糕，余食之可供十日。

無怪其精力過人也……」都是張一麐親見之場景，而外人不得而知之事。

袁世凱善於玩弄權術，張一麐在《古紅梅閣筆記》中，也說了這麼一個故事：「南皮張文襄督兩湖時，值七十生辰（按為光緒三十年丙午），項城送壽屏十六幅，命余為文，而使官報局總辦張遜之（孝謙）書之。遜之書名本重，若幕府能文之士，多如過江之鯽，何以徵及下走？偶與同事謝仲琴先生談及，謝君謂余曰：府主以南皮為文章泰斗，善罵人，汝與遜之皆出南皮門下，若以為寫作不佳，則是自罵其門生也。余恍然項城雖此等交際小事，尚鉤心鬥角，亦見其精力過人也。」這些事都可看出袁世凱玩弄權術的例證，更是不可多得的珍貴史料也。

原序

少承庭誥，服習儒書；壯作漫遊，回翔幕府。西至巴蜀，東暨遼瀋，入察哈爾而登長城，過娘子關而抵太原，逾伊闕而訪佛龕，陟太山而觀日出。升禋曲阜，禮孔子廟堂；躡屐雲龍，謁留侯祠墓。雁蕩則仰視諾詎那之瀑布，天臺則俯臨智大師之道場，普陀望落伽之峰，包山瞰林屋之洞。關山戎馬，飲岳陽之酒樓；泉石煙霞，玩匡廬之雲氣。若乃渡瀛海，適榑桑，濯足乎箱根，放舟乎松島，履綦所至，更仆難終。憶自橐筆津門，歸休里閈，遇義軍之突起，叱吒風雲；許國是以馳驅，棲皇雪柳。既而摶鵬將息，倦鳥知還，乃動地鼓鼙降臨，桑梓焦頭爛額，無補時艱，息馬投戈，幸歌復旦而吾年亦將耄矣。同人以鯫生經歷可補國聞，屬綴簡端，冀留夢影。酒闌燈灺，拉雜書之。昔《東齋記事》、《北夢瑣言》雖隸雜家，無傷大雅，茲所纂輯，意在存真，苟有然疑，寧從蓋闕。以所居為宋吳感紅梅閣舊巷，輒以名之。

民國十九年冬江東阿斗自識。

目次

附錄

應童試得褒

侯官林錫三先生天齡按試江蘇，遇幼童輒拔置堂號，以使考察。余年十二應童試，題為《孟子》「天與賢」三字，余誤為此節上連「萬章曰」一章，起講即云「昔堯以天下傳諸舜，舜以天下傳諸禹」，不知其全在下文「且童子何知」。因多食餅餌，內急欲如廁，未具草稿，匆促完卷而候啟門，旋見元和訓導張廣文克己踵門大索，令就其席補草，余不願，乃指其頭上之銅頂曰：「爾不補草稿，此物不能戴也。」強拉入席補訖，而候啟門者只三數人耳。門啟後，先君領至候考處大泄瀉方歸。榜發有名，覆試時以「雛鳳清於老鳳聲」為詩題，檢前場卷則起講即勒紅帛，惟詩題「白露為霜」，余首句曰「釀得秋如此」則大圈特圈。先生造就童稚，愛才若命，惜翌歲即歸道山，時官年只署九齡。次歲己卯鄉試，先君以年幼未令與考。

十六歲壬午鄉試，正主考為仁和許星叔先生庚身，副主考為南海譚叔裕先生宗浚，監臨為安徽巡撫壽山，裕祿有事先還皖省，由兩江總督左文襄公宗棠代之。次場《禮記》題「一年視離經辨志」，余以「志」字作史志解，如《周志》、《軍志》、《天文志》、《地理志》之類，已經史作兩大比。卷出仁和梁師枚房，薦諸許師，已定為第六名舉人，正、副主考例以各人取中之卷互相磨勘，譚師已經文《禮記》題他卷未有如此解釋者，乃調取《通志堂經解》、《皇清經解》令十八房遍翻不得，乃抑置副榜第二名。

及榜發拆彌封，見官年只十三，則大嘩，文襄乃調三場墨卷視其有無槍替痕跡，檢畢實無可疑，乃曰：「此小子將來當有出息。」許師假歸杭州，彭雪琴尚書宴諸湖上，詢以所得門生何者可意，許師曰：「此行得一童子為奇耳。」友人勸余至金陵見左公，以稚嫩畏見生客未即往，未幾左公因法越戰事離江南他往平章軍務去矣。追念哲人，自傷老大，讀李白「但願一識韓荊州」之語，輒於邑不已。

左宗棠籌邊

左公督江南在光緒七年辛巳之十二月，時七十歲。明年壬午四月，因閱兵出吳淞至上海，過租界，西人除道，換升中國龍旗，聲炮十三響，觀者如堵，詫為從來未有之事。又明年癸未，法攻越南，破南定，公疏請籌辦海防，六月法攻越南益急，自請赴滇粵督師未許，但已遣王德榜自永州解軍火濟邊軍，就募廣勇數千人。十月，檄德榜於永州募十營，號曰「恪靖定邊軍」。再明年甲申正月，德榜軍至廣西南寧，三月以目疾乞病，曾國荃繼之。於時滇粵邊軍潰退，北寧、興化相繼失守，獨王德榜軍五千人扼守諒山鎮南關，而法人兵船分駛福建、江南海口。公聞警憤極，會目疾稍愈，乃銷假，以王德榜軍單，請增遣前浙江提督黃少春於湖南募新軍繼進，會法使復詣天津請和，詔停募，召公入見。五月至京師，仍入值軍機，法人復犯宣光、保勝、諒江，南、北洋戒嚴，公復請飭黃少春赴邊，未成行。七月，法人大舉入犯閩洋，福建海軍潰敗馬江，法轉攻臺灣，詔公以欽差大臣督辦福建軍務。八月抵江寧，調舊部五千人從行，法已奪踞基隆，公攻滬尾。九月公取道江西入閩，十月抵福州，人心大定。首議調兵援臺，遣道員王詩正率恪靖援臺，各軍自泉州潛渡，法船集媽祖澳，公冒風雨巡視長門金牌炮臺，申嚴軍律，封塞海口，法軍引去。

翌年乙酉二月，王德榜率定邊軍會前廣西提督馮子材，大破法兵於諒山，法人復請和，詔停戰，公密陳要盟宜慎，防兵難撤。五月疾劇乞休，七月薨於福州，士民巷哭。按諒山之役，彭玉麐奏稱馮子材苦戰兩日之久，非王德榜截其後路、斷其軍火，關內外夾攻，亦不能如此大潰，而閩當馬江敗挫，一夕數驚，非公至亦無以懾法人而使其引去。吾國咸同以後對外用兵，惟公之收復伊犁與戰勝諒山為空前絕後之舉，乃李公鴻章甲申五月復張蕢齋函云「聞有請恪靖南征者，此老模糊顛倒，為江左官民所厭苦，移置散地固得矣，然夷情大局懵然，必有能發不能收之日」云云，其然，豈其然乎？

黃漱蘭視學

故事，鄉試獲雋者例往學政衙門自填親供，余壬午中副車後，十月間往江陰謁學政黃漱蘭先生體芳。時先生長子仲弢、年丈紹箕為先君庚辰甲榜同歲，以翰林院庶吉士未散館助乃翁校士，余入廳事候未久，見一紅頂花翎身不滿四尺而鬚眉甚偉者出見客，酒氣薰人，即閱卷小印「酒仙過目」四字之漱蘭先生也。先生任京職時彈章不絕，臺閣生風，當時有四矮子齊名，比諸翰林四諫，先生與張文襄公之洞皆其一也。談次訓小子須多讀書，余對以寒士無力買書為苦，先生曰：「吾已與左季高商定，奏設南菁書院，汝可以選入院中讀書。」繼命仲弢年丈出見，而先辭客入內齋矣。

翌年余因先君需次於直隸省城侍親北上，不及入院讀書，然江南人才淵藪以南菁為最，吾鄉若曹元弼、胡玉縉之經學，曹元忠、金天翮之詞章，皆一時之選，他郡如武進之劉可毅、謝鍾英，無錫之孫均揆，松江之姚文枬、于鬯、趙世修，並負物望。辛亥以來，革命先覺如前江蘇都督莊蘊寬，今黨國元老吳敬恒、鈕永建，皆南菁舊友。漱蘭先生之提倡宗風，其功不小。

繆荃孫勸進

南菁山長始則張嘯山文虎，其後黃元同以周、丁叔衡立鈞，皆老師宿儒，與浙江詁經精舍之俞曲園、四川尊經書院之王湘綺同時濟美。厥後繆藝風荃孫金石、目錄、輿地之學卓絕一時，乃藝風以洪憲江蘇代表首列其名，遂為平生之玷。聞當時偽造國民公意者，以江蘇文物之邦，須求一老儒為弁冕，乃由省當軸餌繆以白鏹二萬，先致五千為壽，俟登極後補贈如約。不料西南起義，代表取消，一萬五千之契約遂成泡影，藝風不容於公論，抑鬱以終。夫以藝風之學雖不能比亭林、船山、梨洲之蒙難明夷，開有清一代風氣，欲如近世王湘綺、樊雲門之俳優嬉戲，身享大年，固自易易，乃名山壇坫尚不如投閣之大夫。吾悲藝風，吾思牧翁後之君子當陽九、百六之交，其亦知所自擇夫。

羈禁於保定之大院君

先君以庚辰進士為直隸即用知縣，辛巳挈先慈到保定需次，三弟兩妹均幼侍行，余與長兄均留蘇未往。自余十六歲中副榜，館於回龍閣程楞香先生之子受甫宅中，課其二子。癸未偕兄乘豐順輪至保定協署前寓所，時保定蓮池書院山長為武昌張廉卿先生。蓮池不許外人應試，余借先君門生滿城康炳宣名考課，先生點名時顧而異之，屢列高等。廉卿先生書名滿天下，《續藝舟雙楫》以為鄧完白後一人，首列神品，余卷評語綴於一冊，時時臨摹，後入蜀中同幕見而借去，竟為所攫，至今惜之。時蓮池高才生如鹽城劉仲魯若曾、永年孟紱臣慶榮、滄州張化臣以南（即今中央委員張溥泉君之父）皆著有日記，蔚為通才。姊夫江陰夏閏枝孫桐家有藏書，余每借觀之。先君授以《輶軒語》、《書目答問》，乃稍識國學門徑。

時先君奉委監守朝鮮大院君李昰應差。李昰應者，朝鮮王本生父也，羈禁於保定府舊道衙門，派文職兩員、武職兩員監守之，每半月文武各一員輪流交替，出入之鮮員必登於簿，入市則飭役隨之，慮其通消息謀脫逃也。先君值班則挈余往焉，衙門自大堂內有廳堂五大間，文武兩員各住兩間，又進則五大間上房，右二間為大院君住室，左二間朝鮮文武隨員居之。鮮語鉤輈不能辨，其文號稱漢而大半俚野不可讀，凡彼國信至，委員拆閱乃達，去信亦如之。

大院君年已六十許，能畫蘭，余以扇乞畫，款稱「某某雅士」。聞先有乞畫者，君問華人給事何者為尊稱，對曰「老爺」，渠即題款曰「某某老爺」，此扇遂成笑柄，後告以此乃奴稱主人之名，不可用，方以「雅士」呼之。其隨員多使酒任氣，委員時時裁抑，然以其瑣尾流離不能峻也。其食時置肴於地，眾蹲踞作環形飲啖，與島人不甚殊。一日彼國王遣使來聘，閱其名刺則新科狀元南廷哲，刺長六寸，與華之翰林院庶吉士同。南為彼國壬午舉人，以年家子禮見先君焉。入內堂，大院君高坐胡床，南北面跪奏，如臣工召見，禮隆重擬於上皇。大院君眷念故國，憤欲東歸，必多方拊慰之始已。入其室，所閱皆范文正、王陽明等集，在朝鮮以篤舊不容於東學黨，故錮諸直隸省城。

附錄李文忠光緒八年七月二十四日與譯署商定朝鮮內亂一稿，以見此案厓略：

（上略）七月十九日行次吳淞，英國威使來晤，出示駐日英使巴夏禮近日密信，詳述日本政府之意，亦知朝鮮亂黨滋事由於大院君李昰應主使，甚不願與李昰應交結。中國派兵前往，如勘辦內亂，非日所可攙越。若欲為朝鮮主持日本交涉之案，日人必不甘受，並將所索條款大略開陳等語。是夜接振軒制軍電報，馬道等誘獲李昰應解送到津，正喜辦法深合機宜，告知威使，同聲稱快。（中略）惟李昰應已解赴京都，請旨辦理。竊謂李昰應藉不樂外交為名，爭權內哄，肆毒宮闈，實為禍首罪魁，其人奸狡梟桀，勢能挾眾以逞，第處人父子之間，誠恐殺之不當、囚之不可，縱令回國則後患滋大，似宜仿元朝至元年間高麗忠宣王、忠惠王父子相爭，將忠惠流竄揭陽故事，設法拘禁安置，勿令私自走脫，或潛通消息煽惑其黨，以致死灰復燃之處，尚祈卓裁密陳云云。

又同年八月初三日與譯署籌安置李昰應一稿，以見保定監守情形：

（上略）連日遵旨會同振軒向李昰應究問該國變亂緣由及著名亂黨，乃壹意狡展，堅不吐實。（中略）似宜請旨安置保定省垣，優給廩餼，嚴密防閒，並祈特頒明詔，由鴻章等移行該國王，俾國人知其永不得歸，方可消逆謀而免後患。伊子李載冕現既退去兵柄，據丁提督馬道等皆謂其庸懦無能，不為國人所親附，若知昰應不歸，黨勢已孤，亦無能為役也云云。

中日戰爭之禍胎

中日之戰為吾國強弱關鍵，梁啟超著《李鴻章》一書，論中日戰爭之禍胎，足為論世之鑒，今附錄如下：

（上略）朝鮮本中國藩屬也，初，同治十一年，日本與朝鮮有違言，日人遣使問於中國，蓋半主之邦，其外交當由上國主之，公法然也。中國當局以畏事之故，遽答之曰：「朝鮮國政，吾國素不與聞，聽貴國自與理論可也。」日本遂又遣使至朝鮮，光緒元年正月，與朝王訂立和約，其第一條云「日本以朝鮮為自主之國，與日本之本系自主者相平等」云云，是為日本與朝鮮交涉之嚆矢。光緒五年，英、美、德、法諸國相繼求互市於朝，朝人驚皇，躊躇不決，李鴻章乃以密函勸其太師李裕元，令與各國訂約，其奏摺謂「藉此以備禦俄人，牽制日本」云云。光緒六年，駐日使臣何如璋致書總理衙門，倡主持朝鮮外交之議，謂中國當於朝鮮設駐紮辦事大臣，李鴻章謂：「若密為維持保護，尚覺進退裕如，倘顯然代謀，在朝鮮未必盡聽吾言，而各國或將惟我是問，他日勢成騎虎，深恐彈丸未易脫手」云云。光緒八年十月，侍讀張佩綸復奏請派大員為朝鮮通商大臣理其外交之政，鴻章覆奏亦如前議，是則鴻章於屬邦無外交之公法知之未悉，徒貪一時之省事，假名器以畀人，是實千古之遺恨也。自茲以往，各國不以中國藩屬待朝鮮也久矣。光緒十一年，李鴻章與伊藤博文在天津訂約，載明異日朝鮮有事，中日兩國欲派兵往，必先互行知照，於是朝鮮又似為中日兩邦公同保護之國，名實離奇，不可思議。從此兩國各執一理，轇轕不清，釀成大釁，實基於是。

梁君論李鴻章致敗之由甚詳，俟甲午戰事起後再摘敘之，茲不贅。

乙酉順天鄉試

光緒乙酉，余年十九歲，以副貢例得應順天鄉試，與家八叔父於五月入都，先住延壽寺街長元吳會館，繼遷至虎坊橋吳鈍齋年丈家。年丈以編修考差，同鄉中往來者如顧緝庭肇熙、許鶴巢玉瑑、顧若波澐（時在順天府尹沈仲復先生署中鬻畫）、顧平叔允昌、戴藝郛錫鈞、吳慎生鈞金（即《孽海花》所謂「女婿頭銜新內閣，丈人腰斬老中堂」之吳鋆），貴州巡撫潘偉如霨尚未赴黔，京卿吳愙齋大澂入覲而歸天津，南書房翰林陸鳳石年丈潤庠是秋簡山東學政，是同鄉京官文酒談讌極盛時代。貞元朝士文采風流，殊有玉堂天上之感。

八月入闈，題為「實能容之」三句，次題「子華使於齊」一章，三題「孔子嘗為委吏矣」一節，主考為潘祖蔭、翁同龢、奎潤、童華，監臨官為沈秉成（順天府尹）。余卷出曲阜孔少霑先生祥霖房，薦至奎星齋師，潘文勤以翁文恭名位相埒，推文恭主持全榜，解元鹽山劉若曾，南元通州張謇，余列第十名。

故事，順天鄉試前十名順於未揭曉前進呈御覽，余官年只十三歲，軍機大臣拆彌封進呈，兩宮見余年齡甚稚，異之。許星叔師時為軍機大臣，奏稱：「臣上科典試江南，已中式張某副榜矣。」太后見名下末一字不識，軍機奏此與麒麟之麟字同。八月試後先歸保定，電報中式後家八叔未第，仍送余入都覆試，即由都隨鳳石年丈赴山東學政之任，課其長郎燦林讀書記。覆試後回保定川資不足，第三日旅店飯食借諸車夫。先君需次已六年仍未得缺，因海防捐、河工捐層層壓班，先君無資可捐，且不願以資郎進，故每以借貸度日焉。

中法之戰

是年二月，廣西提督馮子材大破法兵於諒山，法人復請和，詔各軍停戰。當時邸鈔中有欽差大臣彭玉麐、會辦雲南軍務前湖南提督鮑超兩疏，一腔忠憤溢於毫端，今摘要錄之。是役也，吾國對外用兵為最後之大捷，自今視之奚啻天寶之於開元，自後甲午也、庚子也割地喪師，重恠貽謬，不可為已。

彭疏

上年十二月法虜大股自船頭來犯，十九日攻谷松，二十九日陷諒山，本年正月初九日入鎮南關，桂軍將領楊玉科戰沒，董履高重傷，諸軍多潰，惟蘇元春所部及陳嘉六營尚完，於是法踞諒山，於關外十里之文淵州築臺安炮，為堅守計。

龍州為全軍後路，商民驚徙，游勇肆掠，逃軍、難民蔽江而下，廣西全省大震，自太平、南寧以達潯梧，皆電報所通、水路所達，紛紛告急請兵，桂林空虛，倥傯籌備。先是，幫辦軍務前廣西提督臣馮子材暨廣西右江鎮總兵王孝祺於臘月先後抵龍，而募軍未足、裝械未齊，王孝祺率數營馳援出關而諒已潰，馮子材原有之八營尚在東路，僅帶中軍兩營駐龍州，元旦聞警，乃留一營彈壓根本，親率一營赴南關與王孝祺軍攔截潰勇，一面調八營來關晤商。撫臣潘鼎新告以守關無須該軍，令仍顧東路，遂以所部全紮關外，派站親往督剿。初九日南關告警，復檄西援。十二日聞信折回，時法已於十一日晨焚關自退，馮子材素有威惠，為桂、越人心所向，還入關，眾心稍定。乃建議於關內十里之關前隘跨東西兩嶺間，督所部築長牆三里餘，外掘深塹，為扼守計。謂桂軍宜稍養銳，自任以所部萃軍守之，營於嶺半，令王孝祺勤軍屯於其後半里許為犄角。

當是時，幫辦軍務署廣西提督臣蘇元春毅新軍、陳嘉鎮南軍俱屯幕府在關前隘之後五里，蔣宗漢廣武軍、方友升親軍俱屯憑祥在幕府後三十里，潘鼎新率鼎軍屯海村在幕府後六十里，魏綱鄂軍屯艾瓦防艽葑在關西百里，王德榜定邊軍屯油隘專備鈔截兼防入關旁路在關外東三十里，獨廣軍兩枝當中路前敵。時值北海封口，西電皆謂法將由欽、廉攻南寧斷桂軍後路，而廉州並無統將。臣等因桂軍漸集，擬調馮部回顧欽、廉，又恐難於移動，當經電奏調廉，仍令馮子材酌度進退緩急，一面詢商該幫辦或全移、或只調兩營、或全不移動，聲言即日東援，以定眾心，聽其斟酌。因潘鼎新屢電不以馮軍為得力，必不肯言留，故令該幫辦自酌，知其力任大局，必有權度。旋接潘鼎新覆電，謂蘇元春自艽葑調回，即令馮軍回廉。馮子材覆電則言，該軍吃重兩營，亦難移調，當即電覆令其專顧桂防，不必援廉。此正月中旬以後廣軍布置扼守前敵之實在情形也。

於時馮部全軍已成，桂軍休息漸定，越人密報法將出扣波襲艽葑，攻牧馬，繞出南關以北，且斷唐景崧、馬盛治兩軍歸路，蘇元春率軍暨魏綱軍趨艽葑以待，馮子材遣五營扼扣波以邀之。二十七日法數十騎率教匪至艽葑，官軍先在驚走，扼扣波之馮軍突出奮擊敗遁，獲其馱軍火大象一、擒匪黨二。二月初二日法又爭扣波，遇馮軍，脫洋衣洋帽掛林木而竄。艽葑即長定府，法以越官長定府知府紿己，殺其子，遂無西犯意。馮子材請於潘鼎新，調蘇軍還中路，法揚言將以初八九日犯關，馮子材料法必於初七日禮拜一出兵，決計先發制敵，群議多不欲戰，潘鼎新以士氣未復止之，馮子材力爭，率王孝祺軍於初五夜出關襲敵。山有賊壘三，安巨炮，我軍已入街心，自五鼓戰至初六日午刻，賊益盛，王孝祺馬中炮斃，易騎戰，率死士由山後攀崖而上，破其二壘，斃賊甚多，賊敗走，我軍傷亡亦多，未刻我軍饑疲，乃還。此二月初五、初六兩日廣軍倡議出關力戰破壘之實在情形也。

初七法果悉起諒山之眾並力入關，直撲關前隘長牆，攻廣軍營壘，馮子材告諸軍曰：「法再入關，有何面目見粵民，何以生為！」王孝祺以淮軍為龍州人所詬病，諸軍多輕之，憤甚，皆誓與長牆俱死。法以開花炮隊循東西兩嶺互進，向下轟擊，以槍隊撲中路，法謂越人皆馮內應，自以真法兵居前，黑兵次之，西貢洋匪又次之，教匪、客匪在後。炮聲震天，遠聞七八十里外，山谷皆鳴，槍彈積陣前厚者至寸許，我軍死戰，傷亡殊多，東嶺新築五壘未成，為敵攻踞其三。王孝祺自率小隊鈔敵後仰攻，敵稍卻，戰至申刻，蘇元春援兵至，合力拒戰，諸軍竟日不食，至夜仍未收隊。是日王德榜自油隘出軍夾擊，據文淵之對山與敵鏖鬥數時，互有傷亡，遇賊運軍火、乾糧之馱馬無數，逐之皆返走，法糧械遂不得入關。

初八日清晨復大戰，賊來益眾、炮益緊，馮子材居中，蘇元春助之，王孝祺當右，陳嘉、蔣宗漢當左，左路即東嶺，敵炮最猛。馮子材與諸統領約，有退者無論何將遇何軍皆誅之，復於各路設卡以截殺逃者，馮子材、王孝祺各刃退卒數十人。賊勢狂悍致死，已薄長牆，或已越入，馮子材年將七旬，短衣草履，持矛大呼，躍出長牆，率其兩子馮相榮、馮相華搏戰，將士齊開柵門湧出，諸軍睹馮子材如此，無不感奮，關外游勇、客民千餘，聞馮子材親自出陣亦來助戰，伺便隨處狙擊，馮軍扣波五營自關外西路來夾擊其背，於是諸軍合力死鬥，短兵火器雜進。王孝祺部將潘瀛率隊攖鋒，袒臂裸體衝入敵陣，故所部勤勇傷亡最多。陳嘉爭東嶺三壘，蔣宗漢繼之七上七下，陳嘉四傷不退，至酉末王孝祺已將西路賊擊敗，親率軍由西嶺鈔敵後，與陳嘉等合擊，而王德榜之軍亦自關外夾擊東嶺之背，遂將三壘全數奪回。

是日王德榜自清晨出軍甫谷待敵援，賊至率隊衝之，賊截為二，援賊因回槍擊德榜軍，我軍奮擊大勝，部將張春發、蕭德龍戰最勇，斃法酋法匪甚多，餘眾敗走，獲其騾馬五十餘匹，所馱皆槍炮彈、麵餅、洋銀之屬，德榜遂自外夾擊東嶺，奪回三壘。法鏖戰兩日，彈炮已盡而後收隊，軍火被截，惶懼無措，頃刻間炮聲頓息，遂大潰，我軍任意斬殺，賊翻岩越澗而竄，教匪路熟先逸，法兵多殲，此戰所斃真法兵黑兵千餘、法酋數十、客匪教匪數百，逐出關十里而還。是日馮子材、王孝祺身畔屢有開花炮子墜落未炸，我軍曩與法戰被挫之時率皆陰雨霾霧，是日大開晴霽，風日光明。此初七、初八二日廣軍會合桂省主客各軍血戰大捷之實在情形也。

初十日馮子材親率十營出關攻文淵州，法匪望風潰遁，追擊斃紅衣法酋一，遂復文淵，法以越官文淵州知州通馮，剖其腹殺之而去。十二日諸軍三路攻諒，法踞諒城固守，並扼對河北岸之驅驢墟有王德榜舊壘甚固，黎明王德榜進攻之，士卒多傷，斃其六畫兵總一。午後諸軍至，王德榜與王孝祺兩軍戰尤力，傷亦多。孝祺部將潘瀛執旗先登，諸軍並進，克之，法涉水而逃，並守諒城。十三日五鼓，馮子材軍楊瑞山、劉汝奇等潛渡河攻諒，辰刻克之，獲其軍械糧米無算，皆納之於官軍無私焉。諸軍大至，法悉眾遁，分兵追剿，桂軍、楚軍追中路，廣軍追西路。十五日陳嘉攻谷松，賊勢仍悍，王德榜力援克之，斬三畫法酋一。馮子材軍追賊至觀音橋破其巢，同日克復屯梅，屯梅即長慶府，生擒五畫法酋一、斬三畫法酋一，遂進軍克拉木，逼攻郎甲，郎甲即諒江府。王孝祺進軍貴門關。連日諸軍追殺，搜獲法兵極多，盡復去年官軍所駐邊界。此初十日至十五日廣軍會合諸軍分兵追剿獲勝復界之實在情形也。

越人久苦法虐，聞馮子材此次起家治兵，欣若望歲，越官越民多來入關通款，當即密布間諜，宣慰招徠，及克諒後遂慨然畫掃蕩北圻之計。越官北寧總督黃廷經糾集各路義民，立忠義五大團二萬餘人，皆建馮軍旗號，供糧米、作嚮導，或分攻或助戰，北寧城內逃潰大半。李揚才之弟在北寧來報，官軍破郎甲彼即率眾內應，馮子材各許官賞，分給旗榜，河內、海陽、太原等處皆密受約信，紛紛叛法，西貢亦以重金購線通款。已令莫善喜一軍由欽州襲廣安，時唐景崧一軍亦由牧馬進窺太原，馮子材已定於二十五日親率全軍進窺北寧，並率勤軍同進，適逢停戰撤兵之旨乃止，前軍馮紹珠、麥鳳標等於二十九日尚攻郎甲，是夜前軍聞旨乃還。自三月十四五日起，廣、桂、楚、鄂諸軍連環捲絜，至二十日撤入邊，馮子材之軍分屯樟山、鎮南關、彬橋等處，王孝祺軍屯彬橋。此二月十六日以後、三月二十日以前廣軍進窺北寧遵旨凱撤還界屯防關內之實在情形也。

竊惟法虜自去秋敗盟以來，擾閩圍臺，增兵踞越，攻犯桂軍，諒陷關失，以後大局岌岌，此戰若再不利則南太將危，欽、廉隔絕，兩粵事體殆難措手。幸賴國家威福宏遠，詔令嚴明，諸將同心，士卒效命，遂獲大捷，克復越南一省一府一州，擒斬法酋六畫數十，法提督尼忌理亞重傷，法之精銳盡殲，客教離散，全越驚擾，法人自謂入中國以來未有如此次之受巨創者，時滇軍亦獲大捷，於是法都震慴天威，舉國嗟怨，將其外部花利罷黜，倉卒乞款。聖上寬仁，不欲黷武，俯允其請，休兵息民，是此戰勝負之所關實非淺鮮。

在前敵親見戰事者僉言，法二次犯關，非有生力大軍難遽言戰，非馮子材創築長城與王孝祺合軍死守，則諸軍無所依倚，更無戰守之法；當初六七廣軍苦戰兩日之後，非蘇元春軍往援，陳嘉、蔣宗漢力拒東嶺，則馮軍亦將不支；非王孝祺疊次肉搏陷陣、横衝敵堅，則馮、蘇諸軍亦不能取勝；非王德榜截其後路、斷其軍火，關內外夾攻，則亦不能如此大潰；然非馮子材之素得人心，忠勇奮發，鎮邊安民，戢掠收潰，設險倡戰，料敵情、散賊黨、廣援應，則法亦不至如此摧破瓦解、惶駭遠遁，故諸將皆有功而尤以該幫辦為功首。

鮑疏

行抵白馬關，准兩廣督臣張之洞諮，奉電寄：法人請和，已允停戰撤兵，著毋庸出關。等因欽此。仰見聖主柔遠息兵之至意，惟將領忠勇性成，聞之皆捶胸跌足，怒目豎眉，恨未能戰。統領徐連陞、李金聲、向世珍、周鵬舉並諸將俯伏帳前，力請兼程一戰，營務處何應鐘則求迅速拜摺請戰，奴才以君命為重，再三慰退。及聞我兵退而法兵不退，諸將憤怒，又環列帳外，擦掌磨拳，同聲請戰，戰如不勝，先立結狀，甘從軍法。奴才諭之不應，揮之不退，更叩頭不起，言詞激烈，至於涕泣。奴才行止兩難，心如錐刺，不得已乃獨責營務處以違命悖理，更委婉慰退諸將，然心中焦灼，廢寢忘餐。欲上言請戰，不但干違旨之愆，而且恐勞聖慮；欲極言停戰，不但阻將士之氣，而且恐懈軍心。以奴才蒙三朝之恩，當五句之後，久積憤懣之懷，幸奉主戰之旨，於此而不圖報國，後恐欲圖無由，於此而不期誅法，後恐欲誅不得，故選將練兵，益加嚴慎，深期一戰而捷以彰國威。雖邊釁久開，恐兵連禍結，然痛加懲創而許和，則法人膽慴，群丑心驚，寇患可除。今聖主懷柔，俯允其請，虛糜帑金億萬，數千里徒勞士卒，此奴才心中之恨事，亦即為奴才畢生之恨事也。且和議雖經初定，後慮尚多隱憂，奴才身列行間，言之則跡近戀棧，不言又心實難安，積日思維，人臣當不避斧鉞，何況嫌疑？管見所及，不得不為我皇上縷陳之。

法人狡詐，甫敗請和，安知非避我銳氣、懈我軍心耶？安知非老我將帥、糜我帑金耶？我初勝而彼請和，安知我稍懈而彼不乘隙狡發耶？海國迢遙，謀為莫測，輪船飄疾，來去難知，敵情詐而防不勝防，海岸闊而守不勝守，和議成後該敵不必防我，而該敵易於乘我，我不能往攻該敵，我不能不防該敵。籌防日久，糜費日多，將領日衰，軍士日懈，不數年間，元勳宿將，壯者老而老者歿，一旦有變，欲求如今日之能戰能攻，誠不易也。即不然，選將練兵，另起爐灶，勢必緩不濟急，較奴才去年之成軍為尤難。且訓練隊伍需用槍炮，均非急切所能辦，再兵端一開，各守公法，尤為臨時所不能辨，況審時度勢、耽耽而視者又不僅一法人也。然既經許之，大信難失，但條約不可不慎，後慮不可不周，勿使其獨據利源，勿使其得有地勢。往歲議和，敵屢索賠兵費，今無故擾我藩疆，侵我內地，壞我兵輪，毀我船廠，彼豈不應賠償耶？再按萬國公法據理力爭，彼將何辭以對？設從寬免賠，則越藩之疆土尺寸不可讓，臺灣之法人一卒不可留。越連滇界，滇產五金，垂涎內犯，後患何窮？臺雖海島，物產富饒，乘間相侵，全閩何恃？得隴望蜀，人情類然，而況詭譎之法人乎！

現在我正撤兵，彼反添兵，我已退滇、粵，彼尚紮臺、澎，不開臺廉海口，反禁我接濟船隻，何耶？郎甲退師，又開四炮以擊馮軍，新議便違，詐情已露，如此奸欺，殊堪痛恨！倘租約稍涉要求，仍請一意主戰，奴才合滇、粵諸軍及所部將領誓拚犬馬餘生，力滅豕狼小丑，必動出萬全，功成一戰，庶我朝柔遠之恩威並周，而報國之愚忱略盡，使天下臣民廿餘年之積憤亦得稍抒。且法人所恃者槍炮，奴才所恃者隊伍，槍炮為呆物，隊伍乃活人，若專賴槍炮與決勝負，雖勝而所傷亦多，奴才雖不能不用槍炮，決不專賴槍炮，必率隊直入敵陣，短兵相交，四面兜剿，盡戮之而絕其根株。正月二十八日片請添募二十營者，原期厚集兵力，擬獨任滅敵復越之責。添營雖必添餉，滅敵後各省之防餉可輕，一勞永逸，是添餉尤為省餉計也。若洪逆竊據江南，使諸逆各陷各省，賊數無算，帶隊攻剿，無一不戰，而破其全軍，數年肅清數省，滅全逆至致中興。

如朝廷信奴才於昔，委以重兵，授以重權，勢必復全越而滅法人，奴才成軍時已誓諸將，不誅法復越必不生入關門，況法兵無多，即傾國來犯亦斷不及洪逆十中之一分，法據越地萬不及東南數省之一隅，今昔相較，多寡相衡，則破之滅之更如拉枯折朽，成案可鑒，非敢侈張、欺罔於君父之前也。海內臣民無日不以誅法為心，而奴才舊部將士亦無日不以滅法為念，又不得不望我皇上赫然一怒，伸天討而快人心耳。

「潘大傻子」

應試之文，至光緒乙酉一變同治以來墨卷之習，而歸諸根柢之學。是科北闈主考潘文勤、翁文恭兩公皆以樸學提倡風雅，與嘉、道間阮雲臺、畢秋帆後先輝映，為當代士類所宗。會稽李慈銘為潘公墓志謂，公之尤有功於天下者，咸豐之末，湘陰左文襄公以舉人參湘撫駱文忠公幕府，有憾文襄者力齮齕於重臣，文忠幾為動，公力辯其誣，三疏薦之，謂左宗棠在湖南關係事勢甚大，國家不可一日無湖南，即湖南不可一日無此人。疏既傳，文忠得持之文襄以安，卒能光佐中興，功在社稷，而公未嘗一日識文襄也。

宋、元以來，吳賦最重，蘇松太倉尤甚，同治二年四月公疏請減江蘇賦額，得旨允行，（中略）此皆公謀國之忠犖犖大者。公性通敏，遇事理解，批牘答簡運筆如風，無不洞中時弊。長刑工兩部，積年百廢具舉，官吏秉成嚴而不苛，既去之後，思公不替。久直內庭，待宦寺甚嚴，指使呵叱如奴隸，及至公薨，而中涓至今言及公者無不流涕，謂如公者不可復見也。（中略）公愛才出天性，其主文也，務得魁奇沉博之士，而深疾骫骳徇時之技，士有一技之長終身言之不去口，故公既逝而世失所歸，風流遂衰。余丙戌謁公於米市胡同邸第，豐頤渥丹，神采奕奕，教以篆書須學《石鼓》、行書須臨《書譜》，又有絕世聰明之褒語，思之愧汗。門生來者，先叩以來過幾次，若已來二度而門簿只書一度，立召閽人責之，其微密方嚴，小節且然，立朝有泰山岩岩之象。

公年十九以祖太傅文恭公八十賜壽恩賞舉人，二十三歲中咸豐壬子科會試第九名、殿試一甲第三名，及第授編修。二十五歲太傅薨，以遺表上，晉公侍讀，在南書房行走。二十八歲晉侍講學士，二十九歲署國子監祭酒，三十歲轉大理寺少卿，三十二歲署宗人府宗丞，三十三歲擢光祿寺卿，署都察院左副都御史，充山東鄉試正考官。三十五歲擢左副都御史，署工部右侍郎，三十六歲署禮部右侍郎，三十七歲擢工部右侍郎，三十九歲兼署吏部右侍郎，調戶部右侍郎，四十歲轉左侍郎，四十四歲兼署吏部左侍郎，充癸酉科順天鄉試副考官，以磨勘被議降二級調用。四十五歲特旨賞編修，仍在南書房行走，未幾開復侍郎任內處分，以三品京堂候補。四十六歲授大理寺卿，署禮部右侍郎，四十七歲署刑部右侍郎，補禮部右侍郎，兼署工部左侍郎，四十九歲調戶部右侍郎，仍兼署工部左侍郎。五十歲轉左侍郎，升左都御史，擢工部尚書加太子少保銜，調刑部尚書。五十一歲兼署工部尚書，五十三歲兼署禮部尚書，十一月授軍機大臣。五十四歲丁光祿公憂還葬，五十六歲服闋，至都署兵部尚書，仍在南書房行走，充乙酉科順天鄉試正考官，補工部尚書。五十八歲兼署戶部尚書，六十歲加太子太保銜，充己丑科會試副總裁。

綜公生平，年未及壯即值南齋，洎為講官，所劾督撫、提鎮不可勝計，盈廷側目，沮之尼之。會清文宗北狩，同官忌其伉直，特令留守京師，是時端華、肅順當國，公密疏參之至二千餘字，端肅以公有重名，留中不究，轉授意特致敬禮。公素性不附權貴，然以肅順頗引用漢人，如王闓運湘綺、高心夔碧湄均羅致幕下，胡文忠、曾文正起自田間，尚引官文以自固，公之奏保左文襄得請者未始不由於此。會那拉后垂簾，肅順處死，有人謂公肅黨，思排之，那拉后即出公二千餘字密疏為證，謂當肅順熱可炙手之時，誰如潘某之戇者？以故戊午以後疊遭排擠，至革職留任，仍復南齋、洊存長數部，併入樞廷，皆此一疏之力。及乾蔭既摧，服闋入都，未能重膺內相者，左右群臣畏其剛烈，那拉后亦面諭中涓勿犯潘大傻子，隱然若敵國矣。使公能執朝權，天假之年，逢甲午、戊戌、庚子諸役，其所設施當較虞山有殊矣。顧虞山文采風流與公名埒，以身為帝師，欲尊國威以固主位，又遇文士之好言戰略如趙括者流，遂至割地喪師，身遭放逐，以視公之識左公於未遇，其幸不幸為何如哉？當左公之由陝入覲也，以數十親兵舁大鼎贈公，人謂公受賄，不知文襄與公尚書中有自稱受業字樣，賄云乎哉？

翁同龢盟俄圖稿

文恭相業以甲午戰事為人垢病，亦以身居保傅，欲佐少主以張國威，而於兩國軍事準備未嘗深悉。其後康有為入都，文恭微服過訪，力保其才，尤為那拉后所深忌。至於文藝一道，金石考訂埒於文勤，書名傾動中外，自劉石庵、何子貞外未見其匹。與合肥和戰事意見相左，獨中俄密約事則水乳交融，友人宗耿吾先生得手稿，亦一代得失之林也。今形勢大變，俄國改為蘇維埃政府，無祕密之可言，記者得其全稿，公諸國人，除圖外皆文恭親筆，裝潢成卷，後方有吾友鄧孝先先生題跋，詳盡無遺，故附載之以備國聞之助。虞山白鴿峰有墓廬，文恭退隱時所居也，門聯曰「原思環堵，泄柳閉門」，後樓為起居禮佛之所，迄今過之，不禁有西州之慼云。

翁文恭公盟俄圖稿（圖從略）

密件四月初二日、初三日來電，四月初九日發電

奉旨：環球之大，惟俄與中為三百年舊好，今俄君復與我連盟，中國亦推誠相與。所擬約稿均已閱悉，惟末兩條一則不待贅言、一則無庸立限，皆可省去，著李鴻章轉達俄廷，將四條定立密約。倘中國西南水陸有事，俄國如何援助之處，亦於約內敘明，以期周密。欽此。

第一，「屬地」，「屬」字改「土」字。

第二，末添「如非敵國不在此例」八字。

第三，「所有」二字節去，「入」字改「泊」字。

第四，「今」字下添「俄國」二字，「議於」下添「中國」二字。

咿電悉，約文本無異同，「邊地」二字係東電原文，「經理」二字慮與龍州約有礙，故刪。合同向不請批，故改條約「展限」二字來電從未提及。至「俄國亦可」四字，尊處文電如此，非本署所添，因語氣不完，故填「不用」二字，固

非多疑多變。若不准改一字，則遇電第四「海參崴」下直接「此路中國國家」云云，竟將不占土地、不礙權利等緊要語全行截去，約文全篇所以遵旨添入。此約是否兼用法文，所譯漢字務希詳明，況俄亦將初稿刪改，何必故為譏切。電碼頗有訛字，即如文電明指歐國歐字必係倭字，並聞。

四，英法援請究竟有無後患？

五，改「東方屬地」尚未分明。「滿洲」改「中國」。

「准交俄華銀行承辦」句酌。由「中國國家與俄華銀行」句須改。

六，每羅布合洋一元，恐未的。四厘息既係先提，何云□息。

「不能保利」作何解？「查核應徵應免」句未晰。

「在京商定」亦未妥。

四月十三日恭邸見起，慈聖諭此事固須顧念邦交，亦須謹防後患。

八號

「俄國亦可」句未完。「歐國」當是「倭國」此字應問。

奉旨：李鴻章兩電均悉，畫押約文應先譯全篇電署，呈覽約本或親賫、或派

員，要須縝密，防傳播生釁（總署廿四、廿五兩電並著妥辦電奏）。欽此。沁午。四月廿七日午

奉旨：李鴻章二十三日電悉。前因約本寄到需時，是以令將全篇先行電奏，一俟奏到，即行照准。欽此。豔午。

來件催 批准 又一件銀行

許大臣在前

弁字第三百二十八號信詳，鐵路運料設電二事陸由吉林東界，水由松花江運入與齊勒格面商，由總辦發照。

一、拖帶輪船編號。

二、掛公司旗。

三、每船執照以三年為限。

四、照由總辦發總局轉給。

五、船入中國在第一關卡呈驗執照，迅即放行。

六、總辦有權派員在卸載處所查驗物料。

七、公司與船主立合同，料件之外不帶他貨。（原係紅圈）

弁字五百四十八號四月廿三到

許大臣信

俄要商路線，要開煤礦此□

彼屢次欲歸不在另議，許已駁之，今彼派人在松花江十五俄里內覓得礦地，另予厚酬。

又請代鑄製錢，此不可允。或借款添鑄，或可允。又請行用□錢，□欠項次請東省收，賦稅用□錢亦未允。總監工茹格惟志下禮拜即往工次。

五月五日來信

自烏蘇哩鐵路雙城子車站起，向寧古塔、伯都訥、嫩江右岸海蘭爾即呼倫貝爾各處，接通西畢爾鐵路薩拜喀爾一段赤塔、斯特列田斯克兩車站之間為止。遇中國各城應量為繞避。齊齊哈爾、呼蘭均在鐵路之外，吉林之拉林亦在外。

俄鐵路方向前已由總署寄知，原擬由粗魯海圖入界，歷呼倫貝爾、齊齊哈爾、呼蘭、寧古塔，通過綏芬河出界。今俄使在京，請將路線改由呼倫貝爾順綽爾河，歷札賚特、郭爾斯兩旗邊界，至伯都訥，經泄水甸子趨寧古塔，至三岔口出界，計移南二百餘里。

此路較平渡兩江處較窄也，究竟地勢民情若何，且經由蒙古地方有無窒礙，著恩澤、延茂通盤籌畫，當仰體朝廷聯絡邦交之意，又須預防後患。若不允其請，將如何措詞，切勿襲拒俄成說，徒生枝節。再，松花江可置小輪、黑龍江可造通海大輪否？著一併籌度，速即電覆。

寄黑龍江、吉林將軍電旨五月初八日

光緒甲午之役，日本既燬我海軍，奪我旅順，馬關議款，又狙擊我上相，僅乃得畝。是時朝廷震於喪地辱師，念大陸與國惟俄最親，又強鷙可倚，再命李文忠歷聘歐洲，實陰與俄訂攻守同盟之約也。文忠衰年航海，持節慷慨，中外人士仰其風采，至柏林時德相畢士馬克尚存，親御宮車，執手慰勞，兩賢相遇，一時遂有「東方畢士馬克」之稱，歐人崇拜英雄，誠不聞以成敗論人矣。迨抵森彼得堡，俄之君臣禮待優渥，下榻皇宮，以國君之禮處之，而密約以成。此卷所載圖稿則吾師翁文恭公在樞府譯署時所手自商定者。

當甲午事起，文忠初不欲戰，文恭惑於左右輕敵之謀，一意主戰，持論頗相齟齬，獨論俄約則翕然無間，蓋真視此為救國之良策也。文忠歸後，俄於朴資茅斯會議席上仗義索還旅順，於是有東清鐵道之設，而歐亞陸運遂通，雖遼東半島仍握於外人手中，然用趙救魏之策既行，亦未嘗不沾沾自喜。未幾日俄戰釁復開，旅順再陷，東清之路自長春截而為南滿，吾國以退守中立之故，坐視外人交哄於境中，事定之後，轉乞憐於虎吻之下，前功盡棄，後患方滋，茹痛含嗟，於斯為甚。嗚呼！當文恭贊襄密勿，奮筆屬草之日，豈不躊躇滿志、取快一時？詎知事變之來，曾不旋踵。夫祖龍肆虐，曾何懼乎六國之連衡？句踐雪仇，端有資乎十年之教訓。寧有謀已之不臧而欲借人以圖敵者耶？文恭既謝賓客，小史出其叢殘，得此數紙耿吾，吾兄輯而存之，以留先朝掌故。持示不佞，屬為跋語，余待罪東陲，粗知崖略，又先遊環海，於文忠奉使軼事得諸耳聞，其下榻之地又俄官親舉目示余者，故備述之如此，亦如天寶宮人談明皇時事也。庚午歲盡，雪窗呵凍，正闇鄧邦述記。

丙戌會試至癸巳超等

乙酉解元為鹽山劉仲魯若曾，南元為通州張季直謇，其他知名之士如臨桂梁巨川濟、綿竹楊叔嶠銳、侯官沈濤園瑜慶、番禺梁杭叔渭、嘉興沈子封曾桐、陽湖屠敬三寄、望江余壽平誠格、元和王勝之同愈、定遠方長孺孝傑其尤著者也。余試後回保定清苑侍先君寓所，次年丙戌入京會試，仍住虎坊橋吳宅，袁渭漁同年寶璜同舍。渠自廣州來，攜所得粵中舊書至琉璃廠換得新書，插架甚富。一日以龔定庵集示余，曰：「君讀此當有奇悟，勿徒尚考據為也。」渭漁為明賢六俊苗裔，頗有民族思想。余當時以為異聞，今則芻狗矣。

三場與季直同一號舍，時方從朝鮮吳筱軒軍門幕府假旋，季直謂：「余江南人，文字柔靡，汝文頗有剛氣。」余曰：「通海向無文學，今出吾子及朱曼君、周彥昇諸文豪，實因洪楊時代蘇州人避亂江北，故變學風耳。」相與大笑，視其舍，則累累者《文獻通考》、遼金元明史，滿坑滿谷，夾帶特多。對策題下，余所不知者問之則亦無有，但曰：「吾惟以比例之法遁空耳。」榜出俱落孫山，余乃返保定侍吾父，訪大院君消息。是秋吾父令余回南完姻，親至天津送歸，住宮北街裕通恒報關行，行主洞庭山葉姓，蘇人多寄宿於此。吾父云：「李傅相命汝謁見，明日當去。」緣上年秋文忠以陵差在京，北闈榜出即問許星叔師索闈墨，見第十名卷詢知為余，故吾父入謁時及之。

明日余乘車至督署，同見者有道府等五人，余以年幼最後。五人者皆行半跪禮，余以父命叩首，見文忠昂然直立，頗以為奇，繼知督撫本不還禮，《大清會典》有之。起立後文忠招五人者坐東首，推余西首，與彼並坐。一奴子持水煙筒長可二尺餘，文忠頎長，坐時出人頭地。先與五人者言公事，其一人聞公斥之齒相擊，末及余，問在蘇考書院山長何人？余對以潘順之先生，則曰：「正誼尚是蔣心薌乎？」彼於各地山長留心如此。繼謂余須多讀書。送客出，吾父明日往辭，文忠戲謂曰：「汝子跨灶，汝須好培養之。」父曰：「某庚辰至省已七年，舉債度日，無力使入校讀書。」文忠問故，父曰：「海防捐、河工捐兩次壓班，即用實成不用。」文忠憮然曰：「吾為汝酌之。」

余南歸贅於顧氏家，次年春北上，吾父以酌補正定縣，已之任。正定在保定西三站，明設巡撫，即常山趙子龍故里，又為漢南越王趙佗所產地。大佛寺、隋之龍藏寺離縣署不遠，時時往遊焉。太守為富順蕭濂甫世本，與吾父親若家人。余幼時喜夜讀，晨起則吾父早堂將退，父未明即起，黎明即傳案研訊，吏役皆連夜不寐以待，竟父任二十閱月，論死者惟一人耳。余婦留蘇妊子，秋末奉命南歸接孥，次年戊子二月北上，吾父以哭蕭太守之喪病矣。秋間調補平鄉縣，謝正定事，回省，先兄以父病未癒，不如回南，乃以修墓假航海而南。

余入京候明春會試，寓夏閏枝姊丈家，余壽平同年亦同往。其地在丞相胡同伏魔寺側，對門即繆筱山所居，伏魔寺則有毛碩君、喬茂萱兩年丈宿此。候試榜出，除壽平外，余與閏枝皆報罷，偕袁渭漁結伴而行。舟中又遇季直，渭漁謂季直曰：「當今天子重文章，足下何須說漢唐。」蓋《儒林外史》中語，余適從季直借此書閱之，故以為戲也。至蘇未幾，吾父患痰喘殊劇，六月見背，喪禮從儉。吾父雖居官二年，宿逋尚數千金。百日後余以沈旭初丈之汲引，館於盤門汪氏，挈余弟一鵬伴讀。生徒四人，一汪瑞闓頡荀，一頡荀兄子駿孫、祜孫，後祜孫更名士元，一已忘其名。居停為汪瑞曾南陔，其弟瑞高君謨，南陔為撫署文案，君謨則直隸道員辦理天津支應局者也。每月考紫陽、正誼、平江三書院，又收校外生六七人，賣文為生，神觀日損，遂患失眠。

越二年辛卯，房師孔少霑先生祥霖視學湖北，招余往，乃辭汪氏赴鄂。往三日即病，遂歸，翌年春方癒。壬辰未應春試，館於鳳凰街，陸氏生徒三人，來問字者如汪生心源、屈生伯剛、貝生季美、盧生彬士、魏生克威、吳生劍瀏，今皆已五六十矣。次年癸巳，山長陸雲生先生開館，題為「子曰巍巍乎」兩章，余作兩卷，皆超等而矮（超等六十名，在下半段者名曰「矮超等」）。生徒之叔陸晉笙錦燧鄉試時以余課藝為夾帶，頭場首題即「子曰巍巍乎」兩章，晉笙與余弟一鵬號舍相近，乃以余文又一篇易弟為之作二篇，榜發則兩人者皆中式。生平未為搶手，而場外之文乃在場中入彀，里中目為三個半舉人，亦科舉時代腐敗之掌故也。

甲午戰爭

翌年甲午，余兄弟同上春官，仍住夏姊丈家，均不第。回南後館於懸橋巷洪氏，是歲為中日之戰，即割地賠款之第一次最大恥辱，即戊戌政變、庚子聯軍之張本，亦即辛亥革命之動機，波瀾壯闊，風雲彌漫。吾輩入場之先即朝鮮東學黨亂事之始，時袁世凱為駐朝商務委員，屢電北洋請派兵助剿，復慫恿朝王乞師。文忠遂於五月初一日派海軍濟遠、揚威二艦赴仁川、漢城護商，並調直隸提督葉志超帶淮勇千五百人向牙山，一面遵依天津條約先照會日本，日本隨即派兵出征。五月十五日日兵到仁川者已五千，韓廷大震，請中國先行撤兵以謝日本，中國不允，乃與日本磋商一齊撤兵。世凱告大鳥圭介：「韓事漸平，我兵擬即撤歸以避暑雨。聞貴國遣大兵至，華亦將增兵，兩軍雜處必生嫌隙，倘宵小伺隙播弄，或西人亦增兵抗衡以收漁利，不但韓危，華、日亦損，宜彼此互撤以歸平和。」大鳥允諾，而水陸兵來日益多。濟遠船管帶方伯謙方駐仁川，見日兵多，移船先去，於是漢城內外滿屯日兵，仁、漢華商紛紛逃散。大鳥圭介干涉韓政，韓已宣言不認屬邦，文忠猶望和解而政府主張大舉。

六月十二日文忠奉廷寄籌戰備，乃派總兵衛汝貴統盛軍馬步兵六營進平壤、提督馬玉昆統毅軍二千進義州，分起由海道至大東溝登岸，而飭葉志超軍移紮平壤，皆淮軍也。所派各兵雇英商三輪分運，而以濟遠、廣丙二兵輪衛之，廿三晨為日兵輪襲擊，濟遠管帶方伯謙見敵近，惶恐匿鐵甲最厚處，遭日炮毀，其柁即高懸白旗，下懸日旗，逃回旅順，高陞沉，我軍死七百餘。二十七日佈告各國，飭駐日公使汪鳳藻下旗回國。二十九日牙山失守，葉志超退回平壤，捏報勝仗，稱於二十五六七等日迭次斃倭兵五千餘人，得旨賞給軍士銀二萬兩、將弁保獎者數十人焉。

方五六月間，日本兵船麕集朝鮮殆如梭織，而各華艦避匿於威海衛，逍遙海上，啟碇出口約歷五六點鐘便遽回輪。八月初旬，北洋疊接軍電，請濟師以壯聲威，遂以招商局船五艘載運兵丁銀米，以海軍兵艦護送，凡鐵甲船、巡洋船各六艘，水雷船四艘，合隊同行。中秋日安抵鴨綠江口，五運船鼓輪直入淺水，兵船及水雷船與之偕餘船小住於離江十里或十六里之地，爐中之煤未息也。十六晨瞭見南方黑煙縷縷，知日艦將至，海軍提督丁汝昌傳令列陣作人字形，鎮遠、定遠兩鐵艦為人字之首，靖遠、來遠、懷遠、經遠、致遠、濟遠、超勇、揚威、廣甲、廣丙及水雷張人字之兩翼，兼以號旗招鴨綠江中諸戰船悉出助戰。俄而敵艦漸近，列陣作一字形向華軍猛撲，共十一艘，其巡洋船之速率過於華軍，轉瞬間又易而為太極陣，裹人字於其中。華艦先開巨炮示威，然距日船九里，不能及也，炮聲未絕，敵船麕至，與定遠、鎮遠相去恒六里許，蓋畏重甲而避重炮，且華炮之力不能及，日兵之彈已可至也，與人字陣末二艦相逼較近，欺炮略小而甲略薄也。

有頃，日艦圈入人字陣腳，致遠、經遠、濟遠三艘皆被挖出圈外，致遠失群，後船身疊受重創，勢將及溺，其管帶鄧世昌開足汽機向日艦飛馳，欲撞與同沉，未至而已覆溺，舟中二百五十人同時殉難，蓋中日全役死事者以鄧君為最烈矣。其同時被圈出之經遠船甫離群，火勢陡發，管帶林永升發炮以攻敵，激水以救火，依然井井有條，遙見一日艦似已受傷，即鼓輪追之，乃被放水雷相距閃避不及，遽被轟裂，死難者亦二百七十人，慘矣。至管帶濟遠之方伯謙，即七月間護送高陞至牙山途遇日艦逃回旅順者也，是日兩陣甫交，伯謙先掛本船已受重傷之旗以告主將，旋因圖遁之故，亦被日船劃出圈外，致、經兩船與日苦戰，方伯謙置而不顧，如喪家狗，遂誤至水淺處，時揚威鐵甲先已擱淺，不能轉動，濟遠撞之裂一大穴，遂以沉沒，揚威遭此橫逆，死者百五十餘人。方伯謙驚駭欲絕，飛遁入旅順口，越日鴻章電令縛伯謙軍前正法云。廣甲一艦逃出陣外，誤撞島石，日水雷擊碎之。陣中自經遠、致遠、揚威、超勇沉，濟遠、廣甲逃，與日艦支持者僅七艘耳。

海軍既在大東溝被夷，陸軍亦在平壤同時失事。平壤為朝鮮要鎮，西南東三面均有大江圍繞，北面則枕崇山，城倚山厓，城東江水繞山南迤西而去，西北隅則無山無水，為直達義州之孔道。我軍葉志超、聶桂林、豐陞阿、左寶貴、衛汝貴、馬玉昆六將，共統馬丁三十四營，自七月中會於此地。當中國之初發兵於牙山也，副將聶士成曾建議以為當趁日兵未入韓地之先，先以大兵渡鴨綠江速據平壤，而以海軍艦隊扼仁川港口，使日本軍艦不得逞，牙山成歡之兵與北洋海軍既牽掣日軍，然後以平壤大軍南襲韓城云云，鴻章不能用。其精神全在守而不在戰，此其病根也。時依李之部署，馬玉昆率所部毅軍四營繞出江東為犄角勢，衛、豐二軍十八營駐城江南岸，左軍六營守此山城上，葉、聶兩師城中。

十二三四等日，日兵已陸續齊集平壤附近，互相挑戰，彼此損傷不多。至十五日晚，敵部署已定，以右翼隊陷大同江左岸橋里之炮臺，更渡江以衝平壤之正面，而師團長本隊為其後援，以左翼隊自羊角島下渡大同江衝我之右。十六日在大同江岸與馬軍相遇劇戰，敵軍死傷頗多，炮臺卒被陷。時左寶貴退守牡丹臺，有七響之毛瑟槍及快炮等，鏖戰頗力，敵軍連發開炮，寶貴負傷卒，遂大亂。午後四時半，葉志超急懸白旗乞止戰。是夜全師紛紛宵遁，從義州、甑山兩路為敵兵截殺，死者二千餘人，平壤遂陷。厥後九連城失，鳳凰城失，金州失，大連灣失，岫岩失，海城失，旅順口失，蓋平失，營口失，登州失，榮成失，威海衛失，劉公島失，海軍提督丁汝昌以北洋敗殘兵艦降於日本而戕，於是中國海陸軍遂盡。

馬關條約與中國積弱

中東戰事畢，馬關條約成，遼、臺既割，二萬萬償款既納，歐人知東方病夫之已入膏肓，各經略東方事，歐洲之戰場忽移於亞境。俄、法、德三國有迫還遼南以市恩於我之舉動，遂有光緒二十二年中俄密約之事，其略已見上文，於是德人據膠州及山東鐵路礦務權，俄人據大連旅順及擴充東北鐵路，法人據廣州灣及南部鐵路，英人據威海衛、九龍及種種利益，於是路權、稅權、練兵權漸漸外移，又與英訂長江一帶不許讓與他國之約，與日本訂福建全省不許讓與他國之約。讀《乾隆英使覲見記》，吾人視各國如蠻夷戎狄，幾不知天下尚有所謂列邦者。至五口通商而自大之心降至零度，至馬關條約而媚外之心漲為高潮，中國之弱久矣，而刳腸剔腹盡出底蘊與路人共見之，則自甲午之役始。

其所以致敗之由不一端，即以海軍論之，興未兩年而頤和園之工程大起，所籌之款盡充土木之用，名則海軍，實則園工，直至平壤鳳凰驚報頻達，乃下詔停海軍衙門。吾聞醇賢親王奕譞之逝也，文忠哭之慟，蓋漢大臣必以滿人為護符，雖曾、胡不能不利用官文，奕譞既薨，文忠獨力難支，致戶部有停止軍火十年之奏，故以甲午之敗蔽罪於文忠，文忠不任也。前乎此者，則曾文正奏請翰林入同文館而倭仁沮之，劉銘傳奏請全國造鐵路而劉錫鴻沮之，亦吾國得失之林也。重以帝后之爭，激成戊戌、庚子之兩次僇辱。謂清之亡亡於那拉氏可也，謂中國之弱弱於愛新覺羅之家事可也。今者日本視我如無人之境，遼、瀋、吉、長任便攻殺，試取馬關條約一研究之，誰生厲階至今為梗，後之視今亦猶今之視昔，耗矣悲哉！

維新之潮

自甲午報罷南歸，仍館於陸氏。吾國經日本一擊，迷夢始醒，昔之醉心科舉者漸知海外新潮之不可抗，讀譯書、治算學者日多。至乙未而中日和議成，賠款割地，元氣大創，南海康有為聯公車三千人上書言變法。其年七月京師強學會開，余在里中約同志設蘇學會，始設於舊學前文丞相祠，元和令李紫璈年丈實左右之。是時風氣初開，長老驚詫，至有「厲氣所鍾」之考語。先是，上海有南洋師範學堂之設，盛京卿宣懷延張經甫煥綸為總教習、何梅生嗣焜為提調，即今之交通大學也，考各地高才生習師範，余弟與陳頌平懋治同入選。至滬肄業未數月，余弟因事罷學回里，自設小學於唐家巷，其地原為無忌堂，亦李紫璈大令撥充學舍，蘇學會即遷入其中。生徒數十人，課本皆自行編訂，有英、法文教習各一，學會中在滬購買新出圖籍，會員殆近百人，閱書者以費仲深為最勤奮，三五日即易他書，費君是時尚未冠也。

強學會不數月為言官所劾封閉，上海會所亦廢，而黃公度倡議開一報館，即《時務報》，梁啟超專任撰述，著《變法通議》、《西學書目表》等書。十月湖南巡撫陳寶箴督學，江標聘梁主時務學堂講席，公度為按察使，湘學一時鼎盛。未幾德國據膠州灣，瓜分之憂震動全國，湖南始創南學會，演說大行，又有《湘報》鼓吹新學。余兄弟在唐家巷小學七日一集會，同人中如邱公恪震、汪袞父榮寶皆少年奮發，感慨激昂。學堂校舍不敷，余弟借資建造，余是時已移硯於懸橋巷洪氏，課文卿侍郎之孫，為校刻《元史譯文證補》。

保國會

翌年戊戌會試，弟以校務未行，余獨往。初坐京津火車，仍住夏閏枝姊丈家，時已由丞相胡同移居官菜園上街。及同考官揭曉，閏枝分房，余以內弟例行回避。閏枝入闈時，託友人秦由衡同年樹聲招待以散悶。時康有為在南海館開保國會，由衡拉往聽講，入館門已聞講座大聲擊節，見南海弟子梁任公、麥孺博及康之弟，孺博初納交，余亦署名於會簿，言官又有彈章，二次開會於貴州館又往聽焉。京朝向習婞婀，會中人多狂士，言官又有禁阻之請，壽平來言之，同鄉報罷南歸，余附之而返。繼聞德宗銳意變法，譚嗣同、林旭、劉光第、楊銳入為京卿，令各省俱設學堂，虎虎有生氣。乃八月政變，六君子流血，康、梁竄於英、日，於是吾蘇學會無形解散，而學校諸生父兄多請為八股，李紫璈年丈已移令江陰，至移書家弟謂「傳聞令兄神經失常，有之否」，此雖謠言，亦可見人心之惶惑矣。

政變述聞

戊戌政變，言人人殊，余據北洋幕府所聞，譚嗣同因西后干政，謀圍頤和園，說德宗賞袁世凱侍郎銜，欲令入衛。袁本強學會中人，可為己助。奉旨後入京謝恩，寓海澱旅店，嗣同夜訪之，出一德宗墨諭曰：「今日之事如不諾，則以手槍擊公後，我亦自盡。」袁云：「皇上所命，無不遵者。但向例皇帝必用朱諭，墨筆盡人可為，不能奉詔。」譚曰：「然則明晚即以朱諭來，不可爽約。」次日召見，德宗示以所命，袁極言母慈子孝為立國之本，退朝有某侍衛大臣拍其背曰：「好小子！」蓋西后遣人詗之而以為立言得體也。袁遂不敢返館，即赴津，至督轅則見榮祿已令衛兵夾道羅列，而自西后處來之楊莘伯崇伊已在座。袁乃跪求榮為作主，榮曰：「吾已奉懿旨入京，此座即以屬君。」送至車中，袁曰：「今日之事，皇上處於危地，如皇上有他，世凱以死繼之。」榮曰：「皇上決無他，其餘臣子則不能保。」（此數語皆袁所親告人者，南通翰墨林有出版物。）

陳石遺年譜則云：「八月北京政變，言變法者多獲罪。先是，那拉后雖歸政景帝，自居頤和園，而用榮祿為北洋大臣，某為步軍統領，袁世凱練兵小站，兵權皆在握也。而景帝珍妃、瑾嬪皆編修文廷式女弟子，珍妃最得寵，既慫恿景帝大考翰詹，預知賦題為『水火金木土穀』，漏泄於其師，使宿構考取第一，並代妃兄某捉刀列高等。既而與那拉后爭諧價鬻官，先鬻廣州織造於玉銘，又鬻江海關道於魯伯陽。諭旨下，兩江總督劉坤一不識魯伯陽為何許人，電奏詰問，為那拉后所知，坐內殿，召珍妃訊而撻之而幽之，母子間嫌隙深矣。於是帝黨謀矯旨召兵繫后於頤和園，召世凱，世凱以告榮祿，那拉后半夜回內廷嚴訊，景帝懼而吐實。於是楊銳、譚嗣同、劉光第、林旭、楊深秀、康廣仁六人就逮，數日未具獄詞，遽斬西市。廣仁以康有為弟而誅，深秀以常言得三千桿毛瑟槍圍頤和園有餘也。康有為、梁啟超跳於英使館而免，各省惟湖南行新政最認真，得罪最甚，巡撫陳寶箴、學政江標、巡警道黃遵憲皆革職，寶箴子三立與焉。自是啟超避地日本，既作《清議報》醜詆那拉后，復作《維新報》痛詆專制，倡言革命，章炳麟《訄書》、《革命軍》各印本出，人人皆有革命思想矣」云云。

石遺所言皆當時傳聞之語，但亦有未確者。那拉后之垂簾，實由斥去禮部懷塔布等六堂官，懷之妻入內哭訴，后於是借回宮名實行訓政。向例太后回宮須先期傳諭，此次突如其來，德宗跪起問：「老佛爺何以不先傳諭？」那拉后云：「我偶想起去年所種葫蘆耳，汝可隨我觀之。」觀畢過殿門入叫起，德宗跪受責，軍機大臣王文韶等跪碰頭，宣諭步軍統領入，袖出一封信，出外開封，即逮捕某某等之密諭也。康有為已出京過煙臺，由美人李提摩太救往外國，梁啟超為日領事救至大沽兵艦，尚召鐵路總辦王菀生登舟縱談一日夜，方放碇至日本也。至楊深秀則以垂簾命下抗疏，請撤簾而死，抑尤烈已。梁啟超《飲冰室文集》有《六君子傳》可參觀之。

江標

吾友江標字建霞，己丑翰林，遊歷日本，知吾國之未可言戰。甲午朝鮮之役，曾上書掌院請代奏，未果。暨督學湖南，極力提倡新政、新學，如唐才常、譚延闓、譚人鳳、畢永年之流皆所取高才生，試取沅湘校士錄觀之，則列名者非維新之魁傑即革命之偉人。自湘錦旋，正拜京卿與總理衙門章京之命，未幾政變，以言官參劾，有與熊希齡庇護奸黨、潛通消息語，革職交地方官嚴加管束。君所居與唐家巷相近，常至小學堂談時事，又以廣東、浙江兩書局全份書籍寄附學中。是時學會禁矣，科舉復矣，保國會有名者幾被錮，王君九有勸余避至上海之語，余以會員中自尚侍及翰詹科道不知若干人，未必及余，坦然處之。惟守舊之徒揚揚得意，昔之自附維新者惴惴懼禍，獨君意氣自若，過從益密，不數月忽患肺疾以逝。南菁書院山長丁叔衡先生輓聯云：「公死在庚年前可矣，黨獄俟再世後論之。」極為精警，一似預知庚子之拳禍與革命之將興者。使建霞至今猶存，不啻房杜之河汾、商山之黃綺，而當其生時毀者多而譽者少，是知先知先覺之難為而依草附木者之易於容悅也。

庚子之變始末

戊戌八月以後，黨錮既興，八股又復，佬傺失志。繼以悼亡館主以洪生入學，不復延師，己丑乃入唐家巷小學授特班生，但校中生徒漸減，經費不敷，僅羈縻勿使中絕。不得已，余弟乃就廣德州陳牧聘往課其子，全校事余與同人任之。時西后及頑固大臣議廢立，各國公使不謂然，榮祿奏請遣李鴻章詗公使意旨，將以大阿哥溥儁代帝位。鴻章一日至總理衙門，各國使臣來會，各使問貴國廢立之謠有之乎，李笑曰：「決無此事。」又轉詰之曰：「如誠有之，貴使意如何？」各使均對曰「不贊成」，李乃因榮祿以達於后，故溥儁僅為大阿哥而後仇外之心實自此始。上海電報局總辦經元善聯名爭廢立事，西后震怒逮捕，經元善避地海外，御史余誠格奏經元善為盛宣懷之屬員，請飭盛宣懷交出。盛大恐，謀諸幕中何梅孫，何為草奏云：「當今之世，父不能保其子，師不能保其弟，即如余誠格為康有為之房師，若責成余誠格交出康有為，恐亦未能遵辦。」西后覽奏釋然，而余誠格以廣西思恩府知府謫外矣。何君妙才一時，傳為趣語。

剛毅者庸妄人也，南下籌款，在江南搜括二百餘萬，往廣東又四百萬，繼見西后謀廢立阨於外人，以為西人所長在乎槍炮，於是有不畏槍炮之義和拳以中西后之欲。是年二月十一日，以剛毅為軍機大臣，召見時力贊李秉衡之才，因李為山東巡撫時曾以大刀會燒教堂、殺教士為義民故也。即命李至盛京查案，事畢授為長江水師提督。李過武昌，訪制軍張孝達，謂張曰：「太后命我南來，除外人耳。」庚子夏，毓賢抵山西，巡撫任告司道曰：「義和拳確是義民，其魁首有二，一為李鑒師，一則我毓賢也。」是年五月，北方拳匪方熾，朝命李秉衡帶兵來京，七月初二日命幫辦武衛軍務。未幾洋兵自天津入京，李駐楊村，所統三十營不戰而潰，仰藥自盡云。

毓賢始為山東巡撫，賞匪首朱紅燈銀兩，匪旗大書「保清滅洋，山東撫提部院毓」字樣，毓出示改大刀會匪名目為「義和團」，連燒教民家不可勝計。教士稟報諸使，奉旨：「毓賢來京陛見，山東巡撫著袁世凱署理。」毓入京極言義和團忠勇剛毅，端王、莊王皆信之，遂有撫晉之命。八旗子弟望風希旨，舉國若狂，自邸第至寺人靡不習拳，山西全境遍懸紅燈，任團民搶掠焚殺。毓賢於六月自請帶兵勤王，直至聯軍入京，始行遇兩宮於途次。李鴻章與各國議和，德王令先議罪魁然後議約，駐德、俄、英、美、法、日各使臣電參釀禍諸大臣，以李秉衡、毓賢、剛毅、趙舒翹、董福祥、端王、瀾公為禍首，李鴻章、劉坤一、張之洞、盛宣懷等先後彈劾，於是毓賢伏法、剛毅道死、趙舒翹賜自盡，董、端、瀾等流竄。

方事之殷也，總理衙門行走許景澄、袁昶抗疏，言請將信崇邪術誤國殃民之徐桐、剛毅、啟秀、趙舒翹、裕祿、毓賢、董福祥治以重典，於七月初二日步軍統領下之獄，初四日於菜市口殉節，臨刑神色不變，天下冤之。時東南數省劉坤一、張之洞、袁世凱、盛宣懷與外人定保護南數省商教章程、保護上海章程，得以無事。奔走其間者為湯壽潛，文稿多出其手。南北樞紐，實惟山東，袁世凱撫東，境內拳匪剿逐無遺，疊電奏請保護使館，皆留中。自洋兵入京，兩宮西狩，京官南下者，至德州則拳匪絕跡，賓至如歸，東南各省文報皆由山東轉遞，督撫請辦禍首，皆惟馬首是瞻，自是風采聞於中外。

全權大臣李鴻章於光緒二十六年十一月初一日與各使議定約章：為被戕之德使克大臣立碑。懲辦傷害諸國國家及人民之首禍諸臣，端王載漪、輔國公載瀾斬監候，加恩發往新疆，永遠監禁，永不減免；莊王載勳、都察院左都御使英年、刑部尚書剛毅、大學士徐桐、前四川總督李秉衡均已身死，追奪原官，即行革職；又兵部尚書徐用儀、戶部尚書立山、吏部左侍郎許景澄、內閣學士兼禮部侍郎銜聯元、太常寺卿袁昶開復原官昭雪，甘肅提督董福祥革職懲辦。諸國人民遇害、被虐城鎮，停止考試五年。被害之日本書記官杉山彬，派專使赴日本代表惋惜。在諸國被污瀆及挖掘各墳塋，建立滌垢雪侮之碑，禁止軍火及各種製造軍火材料入口二年。付償款四百五十兆兩。各使館境內專與住用，由使館管理，中國人民不准居住。大沽炮臺及有礙京師至海通道之各臺一律削平，酌定留兵駐守以保京師至海通道，係黃村、郎坊、楊村、天津、軍糧城、塘沽、蘆臺、唐山、灤州、昌黎、秦皇島、山海關。餘如商改通商行船條約及有關通商各事宜，改善北河河道，設黃浦河道局，改總理衙門為外務部，均在約中附入。

庚子之變由戊戌反動而來，從此中國萬劫不復矣。

姜桂題試拳師

拳匪起於山東，袁撫繼毓賢之後，時袁之翼長為姜桂題，本淮軍宿將，目不識丁，言於袁曰：「有神拳師不畏槍炮，盍試之？」袁乃聽其所為，拳師云「須搭高臺三日行法」，三日後袁令陸軍環而發槍，拳師盡殪，乃悟其詐。時直隸拳匪蜂起，惟山東境內捕有拳匪即正法，謂果是義民不應逗遛山東，故直東交界之德州成一有匪無匪之界線，拳匪不能越山東而南，長江乃以定互保之局。姜桂題之事，余聞之山東幕府中人，亦一趣語也。

唐才常

庚子聯軍入京，那拉后挾清德宗西狩，保皇會歷在外洋運動華僑，積有鉅款，以戊戌維新中止，密謀舉事武漢。時瀏陽唐紱丞才常實主其事，在長江上下游有所布置，因哥老會為祕密會黨之一，有勢力於長江，才常以勤王說之，其頭目謂：「吾黨若以勤王號召，其勢不可理喻，必動之以利乃可致之。」才常不得已，故有大戮三日封刀安民之說，為當局詬病，自滬至漢均有所謂富有票者為入黨秘證，事成則泝漢入襄河，劫德宗於西安以圖復辟。機事不密，才常被捕授命，亦維新痛史也。梁啟超在橫濱候船失期，事敗不果行，否則及於難矣。保皇黨所蓄罄盡，不能復振。是年十月餘道出宜昌，途次見東湖縣張榜揭示第五次富有票繳票免究者約二百人，然則東湖一縣必有千人矣，以湖北全省計之數更可驚。才常為兩湖書院高才生，與譚嗣同齊名，兩湖總督張文襄欲勿殺，為湖北巡撫於蔭霖所持，遂戮之，維新之人太息不止。

吾國交通不便

余之過宜昌也，有蜀遊之役，同縣吳鈍齋年丈新授四川學政，約閱卷並課其兩公子。以十月二十六日抵上海，章君伯初方往美國三藩市留學，詢其行程，彼抵美只月餘，余抵成都尚在其後。吾國交通不便，當時有公司船失事於崆嶺峽，全舟覆沒，非民船不可也。上海至漢口水程二千二百七十六里，漢口至宜昌一千四百零八里，宜昌至萬縣九百六十里，萬縣至成都一千三百四十三里，都共五千九百八十七里。

三遊洞與東山寺

離宜昌城十五里有三遊洞，循江而上，一路山勢奇峭，亂石縱橫棋布，為水齧者片片成雪羅狀。舟行疑無路，螺旋蟻盤，繚曲深窅。洞深十餘丈，中成佛殿，再入則石乳下垂滮滮然，名曰甘露泉。僧寮三楹，跨洞左右，為遊憩之所。有明人重刻「白樂天與其弟知退及元微之到此」，故名。又東坡父子與黃魯直為後三遊。居易文謂「初見石如疊如削，怪者如引臂如垂幢；泉如瀉如灑，奇者如懸練」，洵不誣也。次日出東湖門遊東山寺，有吾鄉覺阿上人所書山居詩云：「僻處山村靜養真，繩床經案靜無塵。東邊茅屋先迎日，南向梅花早得春。長日喜添清淨課，荒年幸作太平民。袈裟幾輩嫌多事，豈獨儒冠誤我身。」他日檢《梵隱堂集》中未知載否。

過三峽

自宜昌而上，舟行萬山中，千態萬狀，不可究名，如肺葉下垂，如鐘乳百結，如冰合來其累累不絕，如老僧破衲片片欲墮，如刀斫無痕，如斧鑿無跡，如虎豹狻猊猿狖百獸攫拏遊戲，如群神袍笏寶相莊嚴。二十二日過崆嶺峽，水聲渾渾泡泡，大石橫亙處水俱作漩渦狀。過此而上則牛肝馬肺，厥狀俶詭。再上至新灘，為最險惡，同人俱上岸，崎嶇亂石間扶掖而過，視岸石遠望如煤苗者即之作深碧色。次日過泄灘，水涸不甚兇惡，是為歸州境，過此為巴東縣，無城郭。山多赭石，自入峽江，石五色俱備，造物之巧不可階也。再上過鐵棺峽，入布袋口，為蜀、楚交界。翌日至巫山，所謂十二峰者隱約可辨，自此入四川奉節縣境，過灩澦堆，望見白帝城。奉節為夔州首縣，街道以巨石砌成。再上過雲陽縣，南岸有張桓侯廟，舟駛不及登。過新龍灘，舟中物須起撥輕載方得過。由雲陽以上山勢平衍，不似前之突兀，至萬縣捨舟而陸。自宜昌至此，舟行已十三日矣。

自萬縣至大竹

由萬縣乘肩輿行，輿以竹篾為之，大竹為槓，輿夫三人加縴夫四人，遇高坡則縴夫引而上，江南無此也。一路山色清絕，田如梯形，天然圖畫，山泉作溝洫，每區圍以泥土，溢則於缺口處流入下區，臘月豆麥俱似吾鄉清和天氣。過響鼓嶺為萬縣欒山，交界中過生死岩，石樑橫亙，間以欄楯，山中水田四繞，往往見紙窗竹屋、有亭翼然。舍輿步行，有水碓自舂。次日過佛耳岩，山勢鬥絕，下界白雲在足底矣，一路鶯粟遍地，此為可歎。入大竹界，竹陰濃綠，鬟眉均作碧色。煤峒林立，每斤一文，色白，燒之如炭灰，若以鐵路運至江南，不知利若干倍。過九盤山至卷洞門，所過見煤峒六七，與縴夫談余蠻子事，聞大足、銅梁一帶百五十八團俱聽其號召，與洋人為難，余係挖煤出身而有馭眾之術，近為巴令王柳堂所獲，至萬縣則二千餘人乞免。蜀中風氣閉塞，得以惑眾，現已錮省中無能為矣。行在頑錮之徒尚有奏保余蠻子與湖南周漢者，義和團不足責而士大夫復揚其波，豈不偵哉！

照燈壩〈八歸〉詞

由大竹過九盤山，渡渠縣之李渡河，自此路漸平衍，山勢亦和易近人。至蓬州南界之照燈壩，住復興店，見壁上有五可詞人〈八歸〉一闋，頗可誦，詞云：「積陰成瘖，積晦成雨。空山寂寂行客，已自不了辛酸。更那堪杜鵑聲住，鷓鴣聲切，苦道不如歸去。怎又道、哥哥行不得。堪歎此情此景，寸心千折。早知險巇如此，相思如此，為甚當時輕別？倚竹調笙，抽琴席月。遙憶那人，今夜雨餘沙路滑。回頭分袂處，但只剩亂山層疊，極天涯、一碧無情。若有情時，不會者般顏色。」

自蓬州至成都

由蓬州而順慶，府城為綢緞薈萃處。過順慶百三十里為蓬溪縣，途中見竹皮所包之滑車，兩人踏之，問諸輿夫，云：「下有鹽井，為汲水煮鹽之用。」又有斜葉風車，借水力為旋轉，其製甚巧。逾蓬溪，過射洪，而中江、而三臺、而金堂，見橘樹甚多，綠葉不凋，秀色可愛。金堂煙葉為雪茄原料，味濃厚。過金堂入新都界，為楊文襄故里。過新都入成都城，城外有向忠武公墓、阿文成公祠。住青石橋明陽店，因前學使吳子修先生尚未移署也。自萬縣陸行至省，已半月矣。

成都勝跡

余至成都為庚子臘月十九日，十日後即辛丑元旦，原約課學使兩公子，故不出棚校卷，惟成都所屬十六屬與調省之外屬十六屬卷及尊經書院課卷則在襄校之列。除歸途取道重慶外，其餘未能暢遊，殊為憾事。每星期日必徜徉於諸葛武侯祠、杜少陵浣花草堂二處。武侯祠前為昭烈廟，祠左精舍毗連，饒竹木之勝，最後為惠陵，即劉先主陵也。雙江劉咸榮聯云：「長留此漢家半壁天，三國至今，疑塚漳河無尺地；取不得中原一寸土，千秋遺恨，惠陵風雨尚生愁。」元和顧復初聯云：「臣本布衣，一生謹慎；君真名士，萬古雲霄。」用成句天衣無縫。出祠稍西北即草堂寺，左為浣花祠，祀唐崔旰妾。浣花夫人事見《舊唐書》。再進為杜公祠，少陵垂老窮愁，而所居長留天地間，為錦城名勝。此老許身稷契，身後足以自豪。成都道觀有名者為青羊宮，因老子得名，規模巨集敞，後祀唐高宗李淵，有花市特盛。僧寺有名者為昭覺寺，寺屋四百餘間，近寺里許檜柏參天，大殿柱皆楠木，約兩抱。聞寺基占地九百餘畝，亦精藍所罕有也。

趙舒翹、壽富絕命辭

在成都之江未，海瀚周孝懷善培、王吟伯棪時相過從。沈衡山鈞儒時從其叔父淇泉學使於陝西三原。時通訊記趙展如舒翹撫蘇頗有美政，以附和拳案賜死，臨終自書云「主辱臣死，夫復何言？所難堪者，母老子幼。悠悠蒼天，悔恨何及」二十四字，亦可傷也。宗室壽富字伯福，殉庚子之難，有絕命詩云：「袞袞諸王膽氣粗，竟輕一擲喪鴻圖。請看國破家亡日，到底書生是丈夫。曾蒙殊寵對承明，報國無能愧此生。惟有孤魂凝不散，九原夜夜祝中興。薰蕕相雜恨東林，黨禍牽連竟陸沈。今日海枯白日見，兩年重謗不傷心。」伯福以新黨被錮者，大節凜然，讀之起敬。

兩宮回京

自上年拳禍創巨痛深，是年朝命裁撤六部書吏，責成司員親理。照鴻博舊例設特科，自明年為始，鄉會試頭場政治、史學論五篇，次場外國政治、藝學策五道，三場四書義二篇、五經義一篇，武科永遠停止。又令各省鑄銀元，俱附廣、鄂兩局，部藩出入，統搭三成。江督劉坤一、鄂督張之洞會奏變法自強摺風行一時，然西安來均謂宮廷近事仍以賄成，有誦（昌黎）「中朝大官老於事，詎肯感激徒媕婀」、（放翁）「不望夷吾出江左，新亭對泣亦無人」二詩以刺時事者。八月二十四日，兩宮自西安啟蹕回京，沿途供張甚侈，較之庚子出奔行在時大不同矣。十一月二十八日到京，李合肥先於九月在京出缺，以王文韶署全權大臣、袁世凱署直隸總督，合肥予謚文忠。

川南金礦

余雖未遍陟蜀境，聞諸襄校同人言，川南寧遠一帶多猓玀族，由小相嶺而過大相嶺，嶺上或雨雪，嶺下可麾扇，其高可知。逾嶺皆夷人，行走如飛，語言衣服皆與漢異。大渡河即五月渡瀘之瀘水，川多金礦。有水黎土司者，商人以貨貿易，與土人習，許入遊一巡，入則以草履，出則履中皆金沙，其金之富如此。

入京應經濟特科試

壬寅之秋，安岳、金堂、資陽、資州、簡州忽有義和拳起，拆教堂、焚教民，與庚子京師事相類。八月十四日，匪竟入城走馬街已殺數人，臬司陳璚、成都府沈炳堃捕匪正法，沿街出巡，人心始定。川督奎俊電軍機處拳匪入城戒嚴云云，朝命晉撫岑春煊帶兵署督，川局遂安。余於九月中旬附四川副主考俞階青同年之舟次東下，以次年為癸卯會場，將赴汴應試。因同考官夏閏枝姊丈入闈二次回避，乃於閏五月入都應經濟特科廷試。正場一等四名，復試一等二名，以知縣發往直隸補用，自此入北洋幕府矣。

經濟特科之試，發端於光緒二十四年貴州學政嚴修一摺，由總理各國事務衙門會同禮部議訂章程，上諭著三品以上京官及各省督撫學政各舉所知，限於三個月，諮送總理各國事務衙門，會同禮部奏請考試，一俟諮送人數足敷考選即可隨時奏請定期舉行。後至二十七年，行在內閣奉旨：「照博學鴻詞例於本屆會試前舉行。」二十八年，又諭：「改於明年會試後舉行。」二十九年五月二十四日上諭：「經濟特科保薦人員，著於閏五月十六日在保和殿考試。」蓋距戊戌嚴範孫學政奏請之期已閱六稔，始以政變擱置，中以聯軍入京，兩宮西狩，痛定思痛，舊事重提。是時刑部方有杖斃富有票黨人沈藎一案，其與權要素通聲氣，或夙列清班者往往已經保薦，不願應試，諫垣交章論列，皆為黨人混入京僚，主張嚴格。余以甲午而後三次回避，無路進身，揭債入都，姑妄一試。時天津火車三等者無棚，一肩行李，火傘張天，甫近永定門，大雨淋漓，至都寓夏閏枝姊丈所，次日患痢，夜起數十次，夏姊丈延王聘三侍御診治旋愈，離十六日考試之期未一旬，尚疲憊不堪也。

特科首場題，《大戴禮》「保保其身體，傅傅之德義」師導之教訓，與近世各國學校德育、體育、智育同義論；漢武帝造白金為幣分為三品，當鑄多少各有定直，其後白金漸賤、鑄製亦屢更，竟未通行，宜用何術整齊之策。二十七日復試題，《周禮》農工商諸政各有專官論；桓寬言外國之物內流而利不外洩，則國用饒民用給，今欲異物內流而利不外洩，其道何由策。余初至北洋時，官報局總辦張遜之孝謙屬編經濟特科同徵錄，將前後公牘、名單、檔案彙成一冊付印，視鴻博時代之鶴徵錄如大巫之與小巫矣。

張之洞主持特科試

特科兩場俱張文襄總校，首場取一等梁士詒等四十八名、二等桂坫等七十九名，共百有廿七人；復試只取袁嘉穀等九名、二等馮善徵等十八名，共廿七人。傳聞文襄初定仍取百餘人，慶親王奕劻傳旨不得過三十人，蓋內廷畏革命黨混入京僚，預備散諸各省。余卷本列第一，拆封見一江蘇舉人以煌煌大典之特科而首列，本無官階，過於減色，乃以原定第十名之袁君易之。袁為雲貴總督王文韶所保，又新科庶吉士授職編修免其散館，余以第二名發往直隸以知縣補用。引見後謁見各閱卷大臣，文襄時以湖廣總督留京定學制，接見各門生，開口即云：「你們闊極了，康熙、乾隆鴻博數百人，現只二十七人，名貴之至！」謂余曰：「你願從余往湖北乎？」余曰：「書生不諳吏事，湖北人才所萃，從師學習公牘固所願也。」退後見鄧孝先君談及此事，孝先云：「香帥門生四川夏某入幕十餘年，以咯血終，子精神不能隨老師，余為君不取。」然已諾之，不能背也。乃文襄奏定學堂章程久未脫稿，延至月餘，余資斧將罄，幸文襄幕府汪荃臺世丈言諸文襄，許先往直隸。直隸總督袁世凱先已允文襄電調長蘆運司汪瑞高為余先容，袁督一見即令入幕，不三日而委札下矣。

初入北洋幕府

北洋幕府二十餘，候補道有陳昭常、蔡滙滄、阮忠樞，翰林則于式枚、傅增湘，留學生金邦平等。天津洋兵初退，舉行新政，經緯百端，海門周嘉祿本管學務，將南歸，乃以余繼之。學務處總辦嚴範孫修本壬午同年，即貴州人相傳二百年無此文宗者也，人品、學術中外推崇。余新進惴惴，除公牘外買書自修以補學力之不足。如此一年間，除出見外未私謁府主，未嘗求一階，月薪六十金未嘗求加一文，有所委託未嘗辭謝。人或以為呆，或以為清，不問也。天津學界漸以虛譽相加，一年後項城命兼辦奏牘，未幾而員警也、地方自治也、交涉或法律也，凡舊幕友所不能辦之新政幾無役不從，實則每一問題必研究三五日博諮而後下筆，其有心所不安者，必面諍不敢阿也。

五大臣遇炸

五大臣出洋在火車站為黨人吳樾所炸，項城命為文勸告革命黨人。不為則有人疑余為有連，為之措詞實難下筆，余乃為四六一篇高懸於各火車站，粗通文義者不能讀也。吳樾為保定師範生，項城欲派某道員查辦，某有屠夫之目，余力爭不可，請以毛道慶蕃往。札文中有「該道往查時，如有為人覺察所查何案者，即惟該道是問」語，結果只革一保人之功名而已。此時海外革命風潮正盛，雅不欲激成士氣也。

袁世凱治津

北洋大臣行轅即清德宗預備為閱兵駐蹕行宮而建造之地，戊戌政變後，慈禧幽帝於瀛臺，閱兵之禮不舉，項城奏請改行轅，而原有之北洋行轅則為津海關道署。津埠縣城經聯軍都統衙門時拆去，城基均成馬路，公私各機關俱為聯軍佔領。時唐君紹儀任津海關道，與項城本至交，樽俎折衝，使洋兵分期退出。照約津不得駐陸軍，只有衛隊及員警維持地面，即以陸軍挑選改為之。自庚子亂後，拳匪餘孽伏處天津，苟有舉發，俱付營務處審決，大都處死。幕府婁椒生先生謂項城按法律宜從寬典，項城答之曰：「此輩如臭蟲孳生不絕，惟有芟夷淨盡以遏亂萌。」蓋取《周禮》刑亂用重之義，所謂水懦火猛也。不一年津埠治安為各省冠，有六個月不見竊盜者，西人亦為嘆服。

潤飾步兵操典

督練公所為練兵總匯，王士珍任總參議，分設教練、兵備、參謀三處，每處一總辦、一會辦，公所之門即在行轅東偏，掛刀制服之軍官出入其間，若田君文烈、張君紹曾、靳君雲鵬、唐君在禮、高君爾登時與往來。余未習軍事，一日奉批以步兵操典囑為潤色，僅就其文義不適者分條簽出。又數日有事候見，遇教練處何君宗蓮亦至，及入謁，何君即以步兵操典稿上呈，已將余所簽出者亦分條駁回。項城曰：「汝輩武夫不知文墨，此原簽之人即在座之張某也。」何君大窘，連稱余為「老夫子」。余先退出，頃何君亦來余齋就商，余曰：「我本不願強不知以為知，府主強余為之。雖有改正，於文義本無出入，請公酌之可也。」何君後為第一鎮統制，與余相得甚厚，其侄即茂如，曾為淞滬護軍使，亦與余訂交，此一段趣史至今猶為捧腹。

天津小學之發達

余初至天津時至小學參觀，見每校學生數俱在三百人以外，詢諸校長何以致此發達，校長曰：「此義和團之賜也。八國聯軍在京津一帶氣焰薰天，為家長者飽受刺激，知非興學不足圖存，又科舉在拳匪區域俱已停止，舊日舉貢生監均無出路，嚴範孫先生乃設師範講習所，利用各校傍晚時間，一面多派出洋學生或短期師範，因之師生均努力於學，所謂『貧賤憂戚庸玉汝於成也』。」某校長洵知言哉。

袁世凱處事無私

光緒三十年間，朝有大政，每由軍機處問諸北洋，事權日重，往往有言官彈劾，賴中朝信任，未為動搖。毛碩君年丈上書勸其學湘鄉之謙退，項城雅重之，然軍人性質，頗與胡文忠所言包攬把持為近，但其虛懷下士，亦有不可及者。與幕府言，或謂「吾文字不通，汝為我改之」，屬員多就原文稍加是正，彼即不懌，謂「如是不足蓋吾愆也」，盡易之則大喜。然長篇文字經其竄易者如神龍點睛，起稿者自愧弗如，固由更事之多，抑其天稟有大過人者。

一日晨起召余商公事，問已食否，答以已食，乃令侍者進早餐，先食雞子二十枚，繼又進蛋糕一蒸籠，旋講旋剖食皆盡。余私意此二十雞卵、一盤蒸糕，余食之可供十日，無怪其精力過人也。兩目奕奕有神，凡未見者俱以為異，與人言煦煦和易，人人皆如其意而去，故各方人才奔走於其門者如過江之鯽，然所用無私人，族戚來求食者悉以己俸食給月廩，不假事權，屬吏苟有贓私，必嚴劾治罪。總督本兼鹽政，時長蘆及永平七屬鹽務餘利巨萬，又灤州煤礦、啟新洋灰公司皆蒸蒸日上，每曰：「彼等拉余入股，余拒之。無諸己而後非諸人，余為一省長官而近利，何以責人？」故袁氏所有股票皆段芝貴以黑龍江巡撫罷斥後虧帑過多，項城為出資彌補而以股票作抵，非袁氏所固有也。其不用私人、不有私財，非當世貴人所能望其項背，使遇承平之世，豈非卓卓賢長官哉？此非一家之私言也，凡當日過北洋聞政者之公言也。

刑事訴訟法之確定

修訂法律館大臣為伍廷芳、沈家本，伍擬刑事訴訟草案用陪審制，沈不謂然，乃問諸北洋。先由刑幕婁椒生具覆奏稿，項城嫌其過舊，以屬余。余乃請偕金君邦平同具稿，金為述意、余屬文，主用檢察制，案乃定。董君康自京之日本，過余，力言陪審制不宜於吾國。董君法律綜合中西，余亦信為導師，是為余與董訂交之始。

袁世凱祝張之洞壽

南皮張文襄督兩湖，時值七十生辰，項城送壽屏十六幅，命余為文而使官報局總辦張遜之孝謙書之。遜之書名本重，若幕府能文之士多如過江之鯽，何以徵及下走？偶與同事謝仲琴先生談及，謝君謂余曰：「府主以南皮為文章山斗，善罵人，汝與遜之皆出南皮門下，若以為寫作不佳則是自罵其門生也。」余恍然，項城雖此等交際小事尚鉤心鬥角，亦見其精力之過人也。

袁世凱奏請預備立憲

考察政治大臣回國時，一時輿論靡不希望立憲，南通張季直致書項城以大久保相期而自居於小室信夫。一日余入見，力言各國潮流均趨重憲政，吾國若不改革，恐無以自列於國際地位。且滿漢之見深入人心，若實行內閣制度，皇室退處於無權，可消隱患，但非有大力者主持未易達到目的。項城謂：「中國人民教育未能普及，程度幼稚，若以專制治之易於就範。立憲之後權在人民，恐畫虎不成，發生種種流弊。」余力言專制之不可久恃，民氣之不可遏抑，反覆辯論，竟不為動，且問余至此尚有何說？余曰：「公既有成見，尚復何詞！」退而悒悒，乃越宿又召余入見，囑將預備立憲各款作說帖以進，與昨日所言似出兩人，頗為驚異，對曰：「昨陳者只為救時之策，至其條目則須與學習政治、法律之專家研究之。」退而糾合金邦平、黎淵、李士偉諸君分條討論，繕成說帖。後見北洋與考察諸大臣會銜奏請預備立憲稿，即余等所擬未易一字，且知項城先與余辯論之詞實已胸有成竹，而故為相反之論以作行文之波瀾耳。

朗潤園風波

自預備立憲之疏上奏，先從編纂官制入手，而軒然大波起矣。先是，京朝士大夫皆以北洋權重，時有彈章，迨編纂官制局設於海淀之朗潤園，孫寶琦、楊士琦為提調，周樹模副之，編纂員十餘人，皆各部院調入者，余與金君邦平從項城入都，故亦與焉。各員多東西洋畢業生，抱定孟德斯鳩三權分立宗旨，立法機關即議院，資政院及各省諮議局章程皆當時所草（辛亥革命皆以諮議局為發端），對於司法獨立，說帖尤多。行政官以分其政權，舌劍脣槍，互不相下。官制中議裁吏、禮二部尤中當道之忌，自都察院以至各部或上奏、或駁議，指斥倡議立憲之人，甚至謂編纂各員謀為不軌。同事某君自京來淀，告余曰：「外間洶洶，恐釀大政變，至有身賷川資預備屆時出險者。」其嚴重可知。北洋舊人如唐君紹儀、梁君敦彥力勸項城出京，乃乘彰德大操，以欽派閱軍為名，自京往彰德。南北兩軍以北洋與兩湖新軍為攻守假想敵，余因發胃病，僅於第三日走排一往觀光，事畢仍隨節回津。

編纂官制之蛇尾

編纂官制發起於項城與端午橋，自項城回任北洋、午橋出任兩江督軍，結果設一憲政編查館於京師，派出英德日本考察憲政大臣于式枚、汪大燮諸老成，立軍機處變相之內閣，而北洋所練之新軍六鎮奏請以四鎮還諸練兵處，僅留二、四兩鎮於北洋，減去兵權以塞讒慝之口。在天津設審判廳以為司法獨立雛形，設議事、董事兩會以為地方自治基礎，其結果如是。

日俄之戰與東三省善後

先是，日俄之戰吾國嚴守中立，戰地既在遼東西而地主僅守中立，不免為有識者詬病。然吾國自庚子後瘡痍未復，其情勢與洪楊平後湘鄉遇天津教案時同一棘手，復有何力以禦兩強？但當時日人於糧餉子彈等軍需處處由我國人予以便利，風聞項城密遣大員與日本軍事長官訂有密約，以事平後中日善後事宜互讓為條件。厥後俄人大敗，所有旅順、大連等權利皆為日人移轉以去，更訂中日條約。清廷以袁世凱為全權大臣，與日本全權大臣小村壽太郎訂約，雖日人要求過甚，而吾國尚無損失，實由前此密約之效力。觀夫小村回國時日本人民屢有騷動，而吾國外交史上於是役尚為平安過渡，則言者所傳不為無因也。

欽定東督之內幕

編纂官制原兼京外而言，外官制主張督撫司道同署辦公，徵求各督撫意見，參差不齊。時當日俄戰後，以東三省善後事繁，議改將軍都統而為總督制。一日余奉命入都，與編纂官制局有所接洽，回津時楊君士琦密告余：「頃確聞東三省總督內定徐世昌君，到津可即以余言告宮保。」余唯唯，暨下車即謁項城，以此言報告，項城頓足曰：「誤矣，誤矣！」余驚問何故，乃曰：「東三省當兩大之衝，外交最為難辦，原議吾自當之。」余對曰：「請速派委員設法挽回，或可及也。」不數日，東海總督三省之諭已下，余探其故，則孝欽后謂：「東三省譬如後門，北洋如大門，袁某如離北洋則大門無人看守。徐與袁本至好，徐去則與北洋仍一氣耳。」此一段秘聞外人俱不知之，然東海未幾仍入軍機，繼之者錫清弼，錫去而趙次珊繼之，至辛亥革命時趙即為治安維持之首領也。

袁張入樞桓

光緒季年，朝政杌隉，滿漢之見亙於中，革命之聲騰於外，預備立憲之招牌既掛，實行無期，請願者踵至，樞府舊人不足以應付危局，乃有命北洋大臣袁世凱、兩湖總督張之洞同入軍機之舉。袁、張初入京，深相結納，南皮與同僚為詩鐘，得「蛟斷」二字，有「射虎斬蛟三害去，房謀杜斷兩心同」句，即引為兩人同心之慶。但南皮主張緩進，項城主張急進，微有不同。余謁見南皮，即謂「唐藩鎮制經五代訖宋而後廢，學校科舉之遞嬗亦經時勢所迫而後行，故變法不可太驟」云云，其意可見矣。

楊度任職憲政館

湘潭楊皙子度，袁、張二人所欲見而未得者。會自日本回籍，臨其伯父之喪，二公乃電令湖南巡撫諮送入都，乃以四品京堂在憲政編查館行走，與浙江勞乃宣同時被薦。九年預備立憲之清單，即楊所草定而通過者勞君也。

項城去位

不意清德宗賓天，後一日孝欽后繼之，以帝位傳溥儀，醇王載灃攝政。項城在北洋權重，本為清流所嫉，且戊戌一案傳聞異辭，海外文電攻訐，不安於位，攝政乃以足疾免其職。南皮來送行，太息曰：「行將及我。」亦自危其勢之孤也。不一載而南皮亦薨於位矣，蓋親貴用事不可挽回也。

袁世凱之戊戌記載

戊戌一案，余入幕後未嘗一言詢及項城，及其罷官時乃詢及之，項城曰：「此事余有記載，他日當寄汝一觀。」余回南後寄來一冊，因其已往事故未宣布，後見南通翰墨林已排印出版，今不贅。

自辦鐵路風潮始末

當項城初入軍機兼外務部尚書時，蘇浙自辦鐵路之風潮正盛，項城以軍機處字寄江浙，有「外交首重大信，議約權在朝廷」之語，江浙人大訌，於是江浙同鄉京官紛紛入諫，未得要領。同事費君急馳書囑余入都，余立至京邸力爭，謂外交固重大信而江浙人心亦不可不顧，項城謂：「此事由盛宣懷等經手，余初至外部，何以集矢於余？」因議電江浙督撫，告公司派代表入都公開檔案，洎各代表至，閱檔畢，嗒然無詞，歸報公司，自辦之說乃寢。

五十年來國事叢談

余以清同治丁卯生，實《申報》產生之前六年。未有《申報》以前，中國無所謂新聞，有邸鈔而已。自《申報》出世，遂儼然為吾國日報之開山祖師。今年三月為《申報》出版後五十年大紀念，主館事者以「五十年國事叢談」徵文於余。昔《春秋》之言三世，有所見世、有所聞世、有所傳聞世，余之生也前乎《申報》六年，此五十年中可謂之所見世矣。顧自同治癸酉以迄乎民國十一年，國事之變動紛糾、波譎雲詭不可名狀，昔黃遵憲氏作《日本國志》，謂五十年事可比他時期中之數百年，余於《申報》出版後之五十年亦作如是觀念。

然則一部廿一史從何處說起耶？鄙人年來涉獵佛書，篤信因果之說，以為事之生也必有其所以生，其滅也又必有其所以滅，各隨眾生業力之深淺大小而予以感應。至民國以後，其種因愈銳則其結果也愈速，亦有結果在此五十年內而種因遠在數百年前者，引繩而絕之必知其所絕之處，若合符節，不爽累黍，豈造物者真有管理下界之特權而支配之耶？非也，種瓜得瓜，種豆得豆，種荊棘者決不能得芝蘭，物之性也。昔楚靈王之困於乾谿也，曰：「余殺人子多矣，能無及此乎？」元凶劭之將刑也，曰：「覆載所不容，丈人何為見哭？」蓋人雖至不肖而理性尚存，故其心理時呈一反感之作用。凡趨愈疾者顛愈速，小人而乘君子之器盜思奪之矣，眾人熙熙皆為利來，眾人攘攘皆為利往，自造物者觀之皆蚊蚋耳！

鄙人生十六而至寧，十八而遊燕，三十四而入蜀，三十七而從政，洎民國以後，凡有驚風駭浪無役不從，或所聞至確而國史必不能詳，或所見既真而野人尚為異語。茶餘酒後，拉雜書之，輒仿小說例，先為楔子一個，以靈胎道情之意，擬《宣和遺事》之歌，請讀報諸君聽者：

莫打鼓來莫打鑼，聽我唱個因果歌。
那李闖逼死崇禎帝，文武百官一網羅。
那闖將同聲敲夾烙，霎時間金銀堆積滿岩阿。
衝冠一怒吳三桂，借清兵驅賊出京都。
賊兵捨不得金銀走，馬上累累沒奈何（金銀大塊名）。
一路追兵潮湧至，把金銀向山西境上掩埋過。

賊兵一去不復返，農夫掘地富翁多。

三百年票號稱雄久，不成文法孰磋磨。

相傳是亭林、青主兩公筆，這一樁公案確無訛。

這首歌詞是明末清初之事，非近五十年之事，何以特地把他標題出來？因作者欲覓一因果之最大而遠者，喚醒一般財迷，勿為兒孫作牛馬，勿為他人作奴隸，故此做成不莊不諧的一種歌曲，當作晨鐘暮鼓，發人猛省。且山西票號在清代占二百數十年之勢力，及銀行制度興而票號乃終，此事結果實在民國初年，而種因乃在三百年以上。本書以此為楔子，慢慢將事實道來，但作者唱道情本不擅長，以後亦不敢再獻丑了。

作者於民國三年因事與山西票莊相往來，一日問其掌櫃曰：「日本人輯《支那經濟全書》，雖一紙白契或一張收條皆不憚煩瑣為之鉤摹證明，獨徽州當鋪與山西票莊竟無從得其章程。當鋪姑勿論，試問票莊何以有不傳之秘？」掌櫃（亦士而商者，忘其名）答余曰：「此貴省顧亭林先生所定之不成文法，而以口授不以筆傳者也。先生遊太原，與傅青主先生最友善，是時山西富人多資財，二先生乃為酌定票莊制度以操縱全國金融，不願宣之筆墨以招當世之忌。」余聞而怳然。

靈石何氏者，先世為農，其阡陌近大道，因耕地得藏鏹無算，遂捨耕而讀，洊為顯宦。其家與余有姻亞，故老相傳，晉省農之富者類以此起家焉。（《明史・周奎傳》：「李自成逼京師，帝遣內侍徐高密諭奎倡勳戚輸餉，奎堅謝無有，高憤泣曰：『後父如此，國事去矣！』奎不得已奏捐萬金，且乞皇后為助。及自成陷京師，掠其家，得金數萬計。」又《李自成傳》：「……勳戚文武諸臣奎純臣演藻德等共八百餘人，送宗敏等營中拷掠，責賕賂，至灼肉折脛，備諸慘毒。藻德遇馬世奇家人，泣曰：『吾不能為若主，今求死不得。』賊又編排甲，令五家養一賊，大縱淫掠，民不勝毒，縊死相望。徵諸勳戚大臣金，金足輒殺之。……自成自永平奔還京師，悉鎔所拷索金及宮中帑藏器皿鑄為餅，每餅千金，約數萬餅，騾車載歸西安。」）讀《明史》一則，知自成挾金以遁，金重馬瘏，沿途瘞之。不圖清兵入關，賊已救死不暇，匹馬只輪無返者，遂遺之山西農夫，以為二百餘年票莊之基礎，《明史》所謂載歸西安者不過十之三五耳。

是時山西農人驟獲巨金，清將又追賊不暇過問，青主先生為山右名人，亭林先生為光復鉅子，因為之口授方略，創為票莊規制，一旦有事則足以操縱全國之金融，此中作用不問可知，其事深秘世莫能詳。洎世祖、聖祖兩朝振作，諸先生亦不欲塗炭生靈，而晉人遂以多財善賈聞於世。以歷史眼光歸納之，則票莊所吸收者李賊之數萬餅也，即明勳戚諸臣之賕賂也，亦即崇禎年間貪官污吏所朘削之民脂民膏也，暨清之末年銀行代興，而山西票莊二百餘年之氣脈與清俱盡矣。昔漢疏廣曰：「子孫愚而多財則益其過，賢而多財則損其智。」民國以來剖腹藏珠者多矣，謚為大愚，不亦宜乎？

魏源《聖武記》曰：「扈倫四部最強，在滿洲之北，曰葉赫、曰哈達、曰輝發、曰烏拉。清太祖以明萬曆二十七年降哈達，三十五年亡輝發，四十年亡烏拉，四十六年（天命四年）亡葉赫。」葉赫者，那拉氏也。故老相傳，葉赫臨危誓曰「我有一女亦必使滿洲亡」，故清廷相戒不以葉赫後人列於妃后（記庚辛間《時報》咸陽李孟符所載宮府事略及之）。及清文宗時，慈禧以那拉氏入後宮生穆宗，抑何與周平王時檿弧箕服之謠相似耶？故友吳希玉聞諸鄂撫彭公云，文宗大漸語慈安曰：「此人非若所能制，不可制則早圖之。」慈禧伏於屏後潛聞此語，乘間跽求慈安保全，慈安長者，出文宗手詔焚之以安其心。暨穆宗即位，兩太后並垂簾，慈安長齋奉佛而已。

同治十三年穆宗大漸，兩宮皇太后召惇親王奕誴、恭親王奕訢、醇親王奕譞、孚郡王奕譓、惠郡王奕詳等人，慈禧泣語諸王曰：「帝疾不可為，繼統未定，誰其可者？」或言溥倫長當立，惇親王言溥倫疏屬不可，后曰：「溥字輩無當立者，奕譞長子今四歲矣，且至親，予欲使之繼統。」蓋醇親王嫡福晉慈禧妹也，慈禧利幼君可專政，儻為穆宗立後則己為太皇太后，雖尊而不親，故欲以內親立德宗也。諸王皆愕不敢抗后旨，是日穆宗崩，帝入居宮中，遂即位，用兩宮皇太后旨：「皇帝龍馭上賓，未有儲貳，不得已以醇親王奕譞之子載湉承繼文宗顯皇帝為子，入承大統為嗣皇帝，俟皇帝生有皇嗣即承繼大行皇帝為嗣。」改元光緒。穆后本失愛於慈禧，穆宗病，慈禧后以穆后不能防護，掌責之，又以兩宮不為穆宗立後，以寡嫂居宮中滋不適，乃仰藥殉焉。

慈安薨後，慈禧垂簾聽政，母子間積不相能。甲午之役，德宗已親政，思一戰以雪國恥，則不復受制於太后，然海軍經費已為建築頤和園所移用，北洋海陸軍無備，遂割地以求和。舉國惶懼，發憤圖強，於是而有戊戌之維新。慈禧忌之，會親貴讒構其間，乃有八月政變，幽禁瀛臺之事。甲午為因，戊戌為其果也。慈禧以帝黨亡命，終為己患，乃召六部九卿陰謀廢立，卒以李鴻章言各國不承認而止，改為立大阿哥。然終以廢立不成由各友邦之箝制，適義和團以不畏槍炮自命，乃有庚子崇獎義民之詔，而卒召八國之聯軍賠款之巨，國力以傾。戊戌為因，庚子為其果也。清之亡，實亡於庚子而非亡於辛亥，則葉赫之後那拉后為之也。怨毒之於人，甚矣哉！

入關之始以攝政睿親王而興，遜國之終以攝政醇親王而廢，抑何其前後輝映如冶一爐也？多爾袞之告史可法曰「得之於闖賊而非得之於大明」，民國初元亦可曰「得之於南京政府而非得之於前清」，故優待條件者不啻作順治元年為明帝發喪之交換品。苟無野心家之反動，則優待條件較諸楊璉僧伽之慘酷為何如？亦可為中華民國作和平之先導矣，何必效法之路易十四、俄之尼哥拉第二而後為忠於前清哉？

清之興也，臺灣鄭成功至康熙而始平，成功之父鄭芝龍娶日本婦而生成功，明之遺老往往至日本乞師以圖光復。黃梨洲年譜：「己丑十月，監國由健跳至舟山，復召公偕馮侍郎躋仲副澄波將軍阮美乞師日本，抵長崎不得請，公為賦《式微》之章以感將士，有《日本乞師記》、《海外慟哭記》。」又朱舜水先生於永曆五年自舟山至安南而至日本，素與經略直浙兵部左侍郎王翊深相締結，且與舟山諸將密定恢復之策，所以屢至日本者，欲以王翊為主將鄉導而借援兵也。既而王翊戰敗被擒，不屈而死，自後歸路梗塞，然以日本禁淹留外邦人，復過舟山。累蒙徵辟十有二次，前後力辭。七年癸巳復來日本，十二月復赴安南，監國九年丙申三月魯王特勑徵至，明年丁酉正月始達交阯。時安南王檄取中原識字人被捕，先生不屈。明年戊戌夏又至日本筑後、抑川，有安東守約者師事之，白長崎鎮巡，甲辰日本宰相上公遣儒臣小宅生順於長崎請為庠序師，乙巳至水戶，己酉上公設養老之禮饗先生於後樂園，且親臨其第。庚戌以檜木作壽器，漆而藏之，乃謂門人曰：「我既老在異邦，自誓非中國恢復不歸也。」水戶侯為之立橫舍以興教，定廟次以明祭，示以衣冠之式以致文，詔以棺槨之制以厚終，至今日本人無不知有舜水先生。

中國既革命，先生族裔往日本拜其墓，謀分其所藏器物於日人歸而為衣冠之墓，湯君壽潛為刊舜水遺書行於世。蓋明季遺臣欲為申包胥者，見東方之日本以遠隔強國自成樂土，非如愛新覺羅氏之屢入明塞積有世仇也，又其國漸染唐風，與吾江浙臺澎聲息相通，故其光復故物之心時以日本為策源地。及甲午以後，南北洋及各行省大遣留學生東遊，革命種子遂潛伏於其中而不可復遏，日本人民若林、若鄭、若梅皆漢姓也（梅謙次郎自稱為中國梅氏之後），辛亥武昌、廣東之役，革命黨之入內地者無不與日本人為緣，雖謂明季遺老光復之精神醞釀而成可也。若乃貪天之功以為己力，乘人之危以殘其民，是皆與於不仁之甚者矣，非所敢聞。

附錄光緒三十三年政府所得同盟會之歷史以見一斑

同盟會

- 末永節
- 宮崎寅藏
- 平山周
- 青藤氏
  - 和田三部
  - 北輝次郎
    - 介紹三人向俄學炸彈
    - 本莊氏
  - 加藤氏（海軍大衛，參謀部）——日人任中、少佐及士官者十餘人
- 輸送部——平山——玄野
- 教育部——北輝——章炳麟（後改編纂部）
- 經理部——和田——魯愚
- 參謀部——加藤——福建方某
- 加藤任聯合部
- 現改
  - 時公久任謀報部
  - 方君瑛暫任暗殺部（福建女子，在高等師範理化專科）

孫文

- 胡衍鴻（派喬某、方某入黃岡）
- 許雪球（潮州人，孫以為廣東東路都督）
- 山西喬某
- 安徽方某
  - （山西喬某、安徽方某）孫派往黃岡
- 湖北田桐

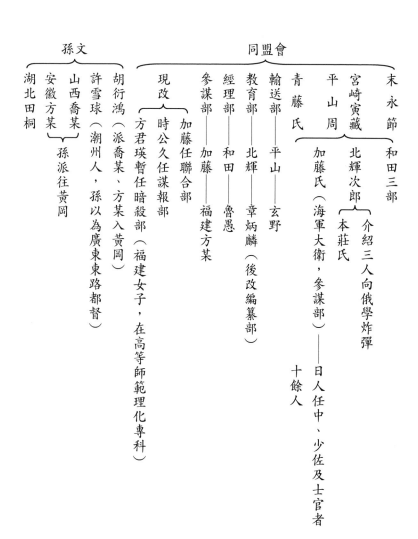

各省分會長

- 河南　程克
- 江蘇　章梓
- 安徽　楊立堂
- 貴州　平剛
- 四川　李昭甫
- 福建　林時塽
- 山東　丁某

回國運動者

- 程家檉（曾與張繼升中日聯合會）
- 吳祿貞（其弟祉貞為同盟會員）
- 廣東　陶駿保
- 南京　孫銘
- 安慶　蔣秋平
- 四川　鄧家彥
- 廣西
  - 郭人漳（軍國民教育會會員，黃興改名張愚臣住伊處最久，該標三營均主革命）
  - 蔡鍔（以軍國民會員入會，與郭不睦）
  - 鈕永建
- 東三省　吳昆
- 廣東　宋教仁（為魁，印有檄文，秀光社有存根）

從南部入者均由北海潮州必經香港；從北部入者或由青島或往東三省；從中部入者必往上海。

【附記】上表係作者在北洋幕府時所鈔，今革命已畢，事隔十五年，情隨事遷，無復忌諱，錄之以供讀者參考。

余戊戌三上春官試，以姊夫夏孫桐為同考官回避，留京無俚，友人秦樹聲約至粵東館入保國會，列名於公車上書。五月回里，是時德宗銳意革新，設學校、廢八股文，召楊銳、劉光第、譚嗣同、林旭參預新政，黜禮部六堂官，湖南巡撫陳寶箴設南學會於長沙，維新之聲日盛。迨八月政變，嗒然若喪。余在唐家巷小學與弟一鵬同課諸生，革職京卿江標時相過從，今閱江君沅湘校士錄，所得士如黃興、譚人鳳、蔡鍔、唐才常等什八九皆江君門下士，惜江君是冬以肺疾逝世，不及見諸偉人之發揚蹈厲也。己亥間唐君才常設正學會於上海，欲訪之，以友人勸沮未果。庚子拳亂起於北方，東南各省立互保之約，年丈吳鈍齋先生有督四川學政之命，囑為蜀遊。時學堂受八股影響，生徒日少，費幾不支，聞蜀中多佳山水，欣然願往。由漢口至宜昌，聞船中人言，先是，富有票中人往來如織，長江提督兩江營務處俱聞其事，唐君所結皆哥老會人，該會向以扶清滅洋為幟，唐君以勤王為主名，議不合而洩，遂致命。

至宜昌見東湖縣設甎，收富有票，自投者千數百名（民國以後聞亡友湯覺頓言，梁君啟超本約唐君同至漢口，以日本船遲開一星期而免，否者梁與唐同戮於鄂中矣）。湖南方大戮黨人，兩湖高才生死者百計，譚嗣同之言曰：「各處變法無不流血者，請自隗始。」觀於戊戌、庚子之敗與辛亥之成，時未至則為其難，機已熟則為其易，其一往直前、有死無二，寧有異哉？雖然，教案自庚子後遂無聞焉，蓋長江會黨經一度之變化與拳匪之反動，即西人之祖教者亦申明約束，公論漸彰，斯亦覘國者得失之林矣。至拳亂始末與富有票之經過，具有專書，茲不復贅。吾不既云乎？清之亡實亡於庚子而非亡於辛亥，八國聯軍之後，一切內政無不牽及外交，人必自侮而後人侮之，國必自伐而後人伐之，此定律也，不可逃也！

何以言內政牽及外交乎？日俄之戰，北洋主守中立，然日人兵至遼東，北洋大臣密派段芝貴入其軍中締結密約，世未之聞也。日俄戰事畢，日本專使小村壽太郎與北洋大臣袁世凱訂條約於北京之錫拉胡同，以理言之，日本是時民氣方張，必以不得志於俄者轉而索之於我，然則中日條約未嘗損失重大權利，亦未激起國民之抗爭，此何故耶？辛亥江蘇獨立時，作者正從程都督於南京，一日某國領事來謁，程屏左右言，是夕都督密語余明日將往滬請黃大元帥，余曰：「何也？」答曰：「今日某國領事以某公使密電示余，謂南方非另立政府不能推倒滿清，故余必自往促克強來滬。」次日都督即行，以劉君之潔為參謀長，劉君語余：「近日北方軍官某來言，北軍要求以項城為大總統，南方先立政府而後讓與項城。」暨余次年入京，聞某使以清廷親貴不足與謀，故勸項城自為之。合前後所聞，則民國成立由南京政府讓與項城為元首，則某國全權公使某為之也。

癸丑之役，長江七省同盟由湖口獨立，以致皖蘇粵贛川湘同時並舉，固以宋案與大借款為導火線，而與日本亦未嘗不有蛛絲馬跡之可尋，觀日本在野黨領袖運動其政府改變對華政策可以證明。尾崎氏演說：「（上略）設日本助北中國，必起南中國之惡感而排斥日貨，則日本商務又將大受虧損，如數年前廣東二辰丸事，殷鑒不遠也。且袁總統素有反對日本之意，設日本助之未必得益；而南方領袖（指孫、黃等）對於日本常存親愛之心，設日本助之必能得南方之歡心。總言之，袁派失敗於日本無礙，若南方領袖一蹶不振，日本必大受其影響矣。故余意，日本當助南方。（下略）」一次犬養氏演說：「（上略）政府似信借款可助中國維持太平而無損於日本之商務，未免失誤。袁總統或藉借款之力，竟能驅逐孫逸仙、黃興、胡瑛等於國外，或竟殺害之，然革命之根原未能剪滅，領袖雖去，各省必時起革命，四川、湖南、廣東其尤著者也，袁之兵力斷不能壓平全國反對之人，反對者或力不敵而求援於外人（指借款購械言），許以特別之利益，則凡中國利源將盡入外人掌握。故政府助袁不足以維持中國太平，恐反成中國瓜分之禍耳。至南北調和之說，更不能行。據現在情勢而論，南北調和非與孫、黃以優勝地位，必置孫、黃於無可容足之地，或放或殺，惟袁所欲耳。故有勸南方領袖讓步調和者，不啻助袁放殺孫黃也」云云。以上為六月五日精養軒大會之演詞，又日本探員報告：「日本國民日日會議，各派代表，要求外務省下動員令，不然外務大臣須辭職。現在組織排華示威大會以阻撓內閣為事，首相山本伯爵主持不下動員令，惟堅毅辦中國問題，陸軍參謀大島大將、川村大將議論多激，由日皇召至日光會商政務」云云。

觀以上記載，則癸丑之役與日本外交固已同聲相應，張勳、馮國璋攻南京時，日本兵艦橫亙江中，牽制炮線，某國以兵綴其後，蓋日人袒南而某國人袒北。袁政府以四十八日而平長江之亂，實由某國人主持大借款與以充分之準備，癸丑之役亦日本與某國之為也。丙辰之役，自四年夏籌安會後，繼以請願團，正在舉國若狂之日，適雲南宣告獨立，蔡鍔起義於畢節，繼之以黔、桂獨立，至次年三月二十一日召余起草取消帝制之令（自籌安會初設至此余逐日有日記，中多牽涉當代人物，故不宣布）。人以為是國民之反對則然耳，以余所聞則外交之影響為大，其事隱秘，人罕知之。

初，政事堂參議伍朝樞往謁某使，某使甚不贊成，其說帖余親見之。及十月二日，某使忽覲見，蔡廷幹任傳譯，是日問答筆記無一詞反對，與伍君前件如出兩人，蓋某使已聞某要人言日本業已贊成，某國如不然，恐中國商務某國必受損，於是陽為贊成。而陰詗中日間之秘事以電與上海某國領事，謂此次中國特派周某為大使而日以親王之禮相待，其中必有原因，如能查得實據者，則使館預備數十萬之外交祕密費專辦此事。某領乃訪寓滬之某巨公，托其設法，某巨公曰：「可。」適是時袁氏有同姓子在滬，其人固隨其父出入而習知公府路徑，凡內外尉及女使婢媼皆自幼諗之者也，得某巨公之巨額費用入京，訪內差句某某之母為袁氏舊媼，司內室灑掃虎子之役，他人所不能入者獨媼能為之。某乃因其母配一鎖匙，伺項城出開其密室中之屜而致之某國使館，遣工照入攝景而以原物返其故所，絕無人知。某使乃以所攝轉與某使，某使電致紐約報略宣布之，此報章傳至日本，大隈首相乃召華使面斥之曰：「余固知汝中國人不能共事！此事先與爾約，除我與爾及項城外不許第四人知，今何如矣？」華使逢彼之怒而不知所由，至今茫然也。

未幾而日政府致電外部：「敝國因有未便，貴國大使可勿來」云云。是時熊君希齡以湘西賑事來京，謁請願團某要人，問帝政可能否，某曰：「專使不去，殆絕望矣。」閱者諸君不記句克明被捕之事耶？未幾而顧問某國人某君日唱帝制不成之說，是帝制之失敗亦某使為之也。不獨此事，蔡鍔之赴滇、梁啟超之赴桂，俱有某國領事暗示，或穿和服以日妓為眷屬，而始不入北方偵探員警之手以脫於名捕。吾故曰庚子以後一切內政無不牽及外交也。吾國經一次變亂則外交權利亦損失一度，外人勢力又增高一層，痛乎哀哉！吾國民方日墮三塗而不知其故也。

丙辰之事不自丙辰而始，發其所由來久矣。讀者諸君不記民元正月之北京兵變乎？當南京政府之議決請袁項城南遷踐位也，時則專使蔡元培、宋教仁入京就館，某公子者素選事召各鎮中下級軍官開會密議，議決以兵入東華門奪清帝位，效黃袍加身故事。是時禁衛軍為馮國璋所統，不與謀，故火焚東華門，禁衛軍抵禦不能入，兵無所泄，遂大掠東西二城以及於天津（此事有某君告余，暫隱其名），此一事也。癸丑之役，張勳既任江蘇督軍，有崇文門監督何棪者先為張屬僚，至是奉命至寧，謂張曰：「公大功告成，盍請願大總統改為大皇帝？」張厲聲斥之，未幾而以張為長江巡閱使，馮國璋代為督軍。作者於民國五年十二月五日宿於徐州巡閱使署，張親以告余者，此一事也。

民國四年九月，正交片參政院認變更國體為不合事宜，突有安徽省長倪嗣沖入京，余以問項城其入京何事耶，則曰：「彼欲效陳橋故事耳。」是月十日，拱衛軍統領、步軍統領、軍政執法處處長、參謀部長統率辦事處副處長、員警廳長等八軍人飲余於東興樓，共二席，一席倪嗣沖居首，一席余居首。蓋倪因計畫未行將歸皖，余則以反對帝制聞於軍人，而為此示威運動也。今倪以病臥於津門旅次者三年矣，聞其日以槍斃某某為辭，而所欲得而甘心者非其親丁即其將領，醫者謂神經錯亂，其然耶其不然耶？人生天地間如白駒過隙，古人有詩云：「西方故國早回還，人命無常呼吸間。有限光陰當愛惜，今生錯過出頭難。」願閱者諸君猛省。

一國命脈在財政金融，記民國四年日本黑龍會有〈替中國人製造心臟〉一篇，大旨謂「一國之有國家銀行猶人之有心臟，心臟有迴血、發血之機能，猶銀行有收款、發款之作用。今中國有中國、交通兩銀行而同為國庫，已失銀行根本之原理，其所營事業與商業銀行無異，不足以操縱全國金融，故吾日本人當替造之。」（大意如此，原文記在《大中華》雜誌中。）是時朝鮮銀行、臺灣銀行已日漸發達於通商巨埠，民國六年段內閣時，陸宗輿創為匯業銀行條例，迫閣員通過閣議，於是中日匯兌之機關以立。值段內閣主張武力解決，大借日債，以匯業銀行為無盡之藏。曹汝霖長財部，迷信段總理兩月削平西南之說，所借日債已在一萬萬以上。

余與曹君本有雅，故一日訪諸其寓，婉風之曰：「歐戰將停，君以日本外交名於世，余觀美國威爾遜之演說，將來不免西風壓倒東風，君盍稍變方針，毋偏重一方乎？」曹君以余為咎其借款，答余曰：「人皆以借日款咎余，實則余所抵押者，如東三省之森林本在其勢力範圍之內，一如無抵押而借巨大之款，尚不便宜乎？」余以其所對非所問，遂不復與辯。及次年而「五四」運動之事出，曹君大受創，且有以余為主動之一人者，余固不之辯。甚矣，直道之難行也！

即以余與項城而論，素無纖芥之緣，惟以特科發往直隸為候補知縣，值直省舉行新政，在幕府八年，幸見信任，然洪憲之役尚幾不免於媒孽。甚矣，忠言之逆耳也！夫個人之毀譽本無容心，生死禍福尤置於度外，惟坐視民國以來之軍政、財政無不為生民之禍而力不足以救之，天耶人耶？雖然，古人以成敗利鈍歸諸運命，如洪憲之事，遲至民國六年必可不作，何也？德皇被逐矣，俄皇被殺矣，皇帝夢必不作矣！相隔幾何時，帝國日少，民國日多，德謨克拉西之聲浪日高，迪克推多之惡魔將絕，政治也、經濟也，世界重心方集中於美洲矣。然則十年來之痛史，雖曰人事，豈非眾生業力應有此磨蠍臨宮哉？不自我先，不自我後，詩人代言之矣。

吾國近日最大之害莫如軍隊之多，此凡有識者之公言也。前清有二十四鎮之計畫而如皖、浙等省不過成一旅耳，至民國七八年乃有一百五十餘萬之軍隊。革命之初，巡防各營皆成師旅，各省添募漫無限制，粵之綠林、川之哥老、東三省之鬍匪，以及匹夫一呼動成千百，徒手襤褸所在成群，至癸丑而漸如鳥獸散矣。二次革命以後，凡南軍所已潰之地悉以北軍充之，於是直東皖三省之白丁，人人首其纓而腰其刀，走卒廝養皆為高官，皂隸輿臺盡充末將，此又一時也。洪憲之役，各將軍先以添兵加餉挾制中央，昔所裁汰皆因而增額，滇黔起義，粵桂從風，農夫輟耕，輿屍載道，此又一時也。段氏三次組閣，欲以武力削平西南參戰，其名對內，其實大借外債，如獲金穴，雷池未越，謻臺已傾，此又一時也。安福失敗，直派代興，湘鄂之爭，川陝之戰，勞師饋運，虎視中原，近者東北、西南潛相利用，鷹瞵狼顧，舌劍唇槍，此又一時也。

乃者太平洋會議執限制軍備為詞，據唐公使所報告者，英國提案中國不得過二十萬正式之軍隊。夫以美國之強，其平時不過三萬人，我國以二十萬為率，已比日本之十八萬為多，獨奈何向所烏合之一百數十萬人將如何而解散、向所積欠之數千萬墊餉將如何而消滅乎？然而世界潮流誰能抵抗，各國監視，萬目睽睽，我不自動而待他動，則軍人之體面何如矣？美使許門之言曰：「民主國軍隊須受全國民政政府之節制，假使總統不顧合法民選立法機關之意志而管理軍隊，則是一人集權之軍人專政；若各省省長或其他民政或軍政官吏不顧民政政府之意旨，則是眾人分權之軍人專政，均非民主國應有之現象也。（中略）欲求統一，則以民主政府裁減軍隊，設立代表機關，使政治操於人民之手為要旨。」嗚呼！為我謀國者視吾之自謀如何矣？彼昏不知，其結果殊難料也！

作者屬筆至此，暫告一段落，以塞《申報》館主人之責。若詳悉言之，固累萬言而不能盡也，請以他日，乃為偈以終焉。偈曰：

眾生所造諸惡業，皆由無始貪嗔癡。

是生姦盜與淫殺，循環報復無已時。
放下屠刀即成佛，天堂地獄皆人為。
君不見現身說法維摩詰，要洗世界成琉璃。

附錄

張仲仁先生傳

黃炎培

先生名一麐，仲仁其字，初字崢角，號公紱，別署曰民傭、曰大圜居士。江蘇吳縣人。父是彝，清光緒庚辰進士，官直隸正定縣知縣，母氏吳。以清同治六年西元一八六七年生。先生兄弟三人，兄一夔字寅皋，先生其次也。幼穎異，被譽為聖童，年十二入縣學為諸生。光緒壬午年十六中江南鄉試副貢，乙酉年十九中順天鄉試舉人，文名溢吳下。嘗自課弟雲摶一鵬讀，歲癸巳一鵬亦中式。江南鄉試、戊戌政變，兄弟相偕就蘇城創蘇學會倡新教育以應之。辛丑、壬寅間，先生受四川學政吳蔚若鬱生聘入蜀襄試。癸卯年三十七江蘇巡撫恩壽、陝西學政沈衛均以先生名保薦應試經濟特科，試卷為張之洞激賞，置第一，揭彌封則赫然先生名也，主者以大魁宜出翰林院，乃拔袁嘉穀為首而次先生焉。甲午以後，先生三度計偕俱以所親襄事試闈，至則格於例回避，嗒然返，至是分省直隸，授天津河防同知。

袁世凱方為北洋大臣兼直隸總督，震先生名，欲羅致之。始先生分省湖北，世凱與之洞爭之力，乃改今省，入幕辦文案，為文工且敏，他人數百言不能盡以數十言了之，昏夜世凱索幕客不得，獨先生危坐屬草，十餘稿立就，自是參機密，得署同知。同知兼理輕微民刑事，一日拘小竊至，稱苦饑寒耳，先生惻然，給銀數圓令小負販自活。數日又拘至，問何不改行，稱所賜僅小負販，一次資盡矣，先生謂可原也，薄責之給銀如前數。不數日又至，則伏地不語，先生命送之獄，忽哭呼母，復訊則云：「小人死不足惜，母年過七十，一日不歸母一日餓，奈何？」事聞於後堂，吳太夫人呼先生進，倍予銀而仍釋之，其人卒改行。

丁未世凱被朝命入參憲政，先生偕赴京，軍機批擬益資倚重，一時籌辦自治設各省諮議局，凡有關憲政詔諭、章制文電咸出先生手。戊申、己酉間，世凱被擠還洹上，先生亦移家南下，就蘇城籌建圖書館，築公園，友好之在浙者迎遊西湖，遂入浙撫增韞幕。辛亥春返蘇養痾，十月而武昌起義，清廷起世凱為湖廣總督，星夜電先生入京。時各省紛紛響應民軍，人心極度激奮，而民軍力弱實甚，南通張季直謇、武進趙竹君鳳昌輩憂之，長日集上海趙惜陰堂密商，以為惟清廷遜位則國難可以立免，惟世凱能說清廷，顧誰說世凱者，捨先生將奚屬？函電往返，終使世凱意向民軍，清後下詔遜位，數千年帝制一日而民國，此旋乾轉坤大業以唾手致之，在南謇、鳳昌輩，在北日聒於世凱前以底於成則惟先生一人。

江蘇獨立，先生應蘇督程雪樓德全約，一度歸任民政司長，惟世凱終不能釋先生，不久復北受任總統府秘書兼政事堂機要局長。無何世凱欲稱帝，左右承旨勸進，先生入諫，反覆陳利害，政事堂會議籌備大典，獨起立直斥，才發言，武人某舉槍怒目之，國務卿徐世昌遽起牽先生衣曰：「仲仁隨我來。」先生色然出，立辭機要局長，夜有人投彈私邸，死馬一，人咸為先生危。蔡鍔之易姓名出亡也，瀕行貽盆桂二，盆者朋也，桂者歸也，隱風以朋友偕歸之意，而先生夷然。

先生之辭機要局長也，世凱仍授教育總長職以羈縻之，時為四年十月。在任重視社會教育，捐廉俸特創注音字母傳習所，不久引去，走日本。雲南護國軍起，各省先後揭幟獨立，世凱懼急自廢帝制，至是悟先生忠鯁，電歸慚謝，其廢帝制文告蓋猶先生手筆也。既而世凱病死，先生益無意仕進，迨馮國璋以副總統代理大總統職，嘗一任總統府秘書長，非其意也。維時南北兩國會、兩政府對峙，國事益俶擾，先生則唱統一、唱和平，繼且唱民治，謂非統一不足以建國，非和平無以安民生，然非民治又無以立其本也。

八年二月上海開南北和平會議，先生被推和平期成會副會長，遂至上海，憤於和平中輟，統一莫望，乃為文以評其友徐佛蘇《西南自治與和平》一書，其文略曰：「代表撤回，和平中梗，吾輩向者無窮之希望已付東流。計自上年兩方代表開議以後，所可稱為讓步者不過主戰之段合肥變為局部議和之馮河間而止，然不生不滅、不戰不和之局，雖有善者無以解決，甲仆則乙興，丙唯則丁否，以外力之摎逼與夫國力之困窮，其能長此終古耶？日復一日，元氣凋喪，火盡油乾，非與國同休不止。」又曰：「自漢以來，或數年或數十年或二三百年有不革命者乎？此其安在哉？」又曰：「帝制萌芽在民國四年之初，各省將軍紛紛添募軍隊，一日余謂朱君啟鈐、周君自齊曰：『藩鎮之勢已成，此後中央命令恐不能行於地方。』兩君然之而無如何，果也項城沒而督軍團興，南京會議、徐州會議、天津會議風起雲湧，不可爬梳，昔也川滇之役，今也奉直之爭，苦我人民，危及邦國。」又曰：「共和原理必由民治。真自治便是國民有自覺之智識、自動之能力，言自治之極點必標其名為民治，夫武力之不能統一，由當事者不知民治之義，遂無自覺之心，至於今則向所恃為雷霆萬鈞之武力無不力盡精疲、途窮日暮，宜若可以幡然變計，咸與維新，而雙方皆以習與性成莫肯推誠相見。」又曰：「顧亭林謂用天下之私以成一人之公而天下治，若夫今日自治之說，則用人民之私以成天下之公，然非有權力者犧牲小我以全大我，其道末由。」文末曰：「僕性疏狂，不樂羈縶，人事牽率，每難自由。清光緒癸卯以後，在北洋幕府者七八年，藉讀未見之書，略明當世之故。辛亥變革，偃處里中，以地方秩序之不可坐觀，府主情誼之不能過卻，參與文牘，無役不從。蒿目時艱，彌增隱痛，歎吾謀之不用，遂浩然而思歸。項城既殂，亟思退隱，乃塵心未淨，祠祿虛餐，國危而無以扶持，民困而末由拯救，自上年十月十日以後閉門思過，久已與政治絕緣，今因徐君之文而又嘵嘵，是亦不可以已乎？顧嘗思之，人之所以異於禽獸者，惟人偶之仁與互助之義耳。世有保我民國、善我亞洲以撲滅全世界之東方導火線者乎？雖磔余其無悔。」文長數千言，窮一日之力以成而不加點，時為民國八年九月。所謂「上年十月十日」，則新國會舉徐世昌為大總統，國璋、祺瑞同時下野之日也，先生用心蓋灼然可見已。

大局日惡化，然先生和平統一之信念不改。會湘軍入鄂，十年八月兩湖巡閱使吳佩孚兵下岳州，先生夙見重於佩孚，乃復奔走遊說。九月以與蔣方震、張紹曾輩合力，由紹曾發起廬山國是會議，電徵各省意見，期實現和平與統一，先生率先電應，佩孚等以與先生有成約，電表同意，終以若干方面各持異議而無形消滅。

自是先生杜門不復談國政，然遇地方重要事故，仍挺身代表人民與權閥奮鬥。例如齊盧之戰，江浙民眾銜之次骨而無能為，先生集兩省人士奔走京杭間，垂涕阻雙方出兵，嘗說盧永祥不見聽至於下跪，及齊燮元敗則又奔走雙方為之畫界，駐兵俾相安焉。奉軍南下，江蘇地方受蹂躪至苦，先生函電申訴無效，則犯顏面折，以至聲色俱厲。維時蘇人士如上海沈恩孚、無錫錢基厚、武進錢以振、鎮江冷遹、宿遷黃以霖輩皆有志於扶持鄉邦正氣，領袖為誰？則先生是也。如是者蓋不一其時、不一其事，以迄於抗日戰起。

先生以積勞故精力漸耗，小溲見血，醫言病在腎，須長期休養。鄉居仍與其友李印泉根源、弟一鵬為地方謀公益，百廢咸舉，弗一日自逸。蘇城之西有地曰善人橋，土沃而民風滋厚，先生就其地興教育改良農事，為一般鄉村示範。自先生居鄉，鄉人若藐諸孤之得母，地方官吏若立之監，咸自濯磨以競於善，先生則恂恂焉休休焉若不及也，東吳大學以法律博士學位贈先生彰榮譽焉。上海「一二八」民眾抗日，先生偕蘇人士扶傷兵救難民，至「八一三」之戰而規模更大，先後設醫院二十四，救治傷兵至五六萬，收容難民且十餘萬，為詩文大呼殺敵救國，更倡議組老子軍以作民氣。迨大場撤兵，蘇城陷，盛傳先生被迫投井殉，海內外震悼，而不知先生以民眾之擁護，早易僧服隱於穹窿寺，不降志、不辱身以自脫於難。

民國初年蘇人士嘗謀擁先生長省議會以與人競，先生弗以為意也，至是敵焰益熾，政府設國民參政會以一國人心力，先生自二十七年第一屆當選為參政員以迄於三十二年第三屆。先生在參政員中齒最長，非病不缺席，每次代表全會致詞，一本至誠，發為直言，切中時弊，不隨不激，聞者動容。三十年十一月第二屆第二次大會，張表方瀾偕先生等提出實現民主以加強抗戰力量樹立建國基礎案，列辦法十條，請禁以國庫支給黨費，禁歧視無黨或異黨，禁任何黨派在學校推行黨務，禁一切非法特殊處置，壹皆人人所欲言而不肯且不敢言者。案雖為主席團留中，然如召開國民大會制定憲法、保障人民身體言論自由諸條獲通過於全會，深入人心，著為國論。先生之忠誠伉直、不畏彊禦，大率類此。

先生自清季即以漢字難識主改革，在教育總長任內推行注音字母不遺餘力。二十八年秋居香港，立新文字學會，與許地山等倡新文字，將使大眾易讀易寫。著文數十萬言，以為今人好言全民政治，抗戰盛倡總動員，試問國民百分之七八十不能讀書讀報，全民政治之「全」字、總動員之「總」字從何說起？其持論精切透徹類是。太平洋戰起，先生方以參政會畢，將由渝飛港，瀕行突以事牽中止，而不知港戰已作，設成行者且為敵俘。先生體素強，習健身術，宿疾良已，步履輕捷，渝居久不習於氣候，漸尪弱，食量亦減，臥床不能起。醫謂脾腫大，極度貧血，致肺全部發炎，衰年施治頗棘手，移居揚子江南岸清水溪療養院，三十二年西元一九四三年十月二十四日長逝，年七十有七。

元配顧早世，繼配陳治家整飭而和洽，先生不事生產而無內顧憂，陳夫人之力也。生子四，為宣幼殤；為資美紐約大學法學博士，服官外交部；為鼎東吳大學理學學士，任職中央信託局；為璧輔仁大學理學士，自幼養於友趙椿年家。女二，為珂美密西根大學經濟碩士，婿程宗陽天府煤礦礦長；為璇持志大學法學士，服務中國農民銀行。諸孫幼。先生之喪，蕭然幾無以為歛，諸友好助其家屬，厝遺體於重慶汪山放牛坪，將扶歸公葬於蘇之勝地焉。先生有日記藏於家，歷劫散缺，所著《心太平室詩文鈔》及《古紅梅閣筆記》等由顧廷龍、徐子為編為遺集十卷，自先生之歿二年而日本敗降又二年乃始獲最先生生平以為之傳。

炎培當辛亥參與惜陰堂集議，讀先生與南中諸老往來手札，是為獲識先生之始。嗣是先生一度長江蘇民政，其後歸事鄉邦建設，奔走地方軍閥間弭戰謀和，既而對日抗戰服役後方，最後國民參政會上下論議，炎培蓋無役不與先生共朝夕。綜先生一生行事，捨為民為國無他念，其因南北分裂而唱統一，因軍人好戰而唱和平而歸本於民治，此距今三十年間事。惟時國體早定，而國人於政治民主猶有識之未真、求之弗切者，而先生倡之。經歷日寇十年侵略，國命不絕如線，先生以為非實現民主無以結集鼓舞全國人心力，無以抗戰，無以建國，而大聲疾呼以籲求之。其嚴氣正性發於一誠，人憚之重之而不為忤，達而在朝，退而里居，其有所言有所行則為民為國而已矣。其設所傳習字母注音，其立會倡新文字，謀所以福大群，蓋比物此志也。讀先生詩文，蓋確信日本之必覆敗，先生所未及計者，其惟日本敗降以後我中華統一和平民主之迄今猶未一一獲實現也乎？

中華民紀三十六年八月三十一日

張仲仁先生

王寵惠

吳中風土清嘉，人文蔚起，歷代名賢輩出，或宏濟艱難，或砥礪氣節，雖遭際不同、成敗異數，而貞固幹事、為國之光則後先一揆也。於唐則陸宣公，於宋則范文正公，明建南都，吳為近畿，功名之士往往乘時崛起，迄於末造，吳中士大夫揚清激濁，主盟東南，其忠義之氣尤足以震鑠今古。有清一代，雖文苑、儒林代有傳人，然以視前賢智略輻輳夷險一節，人才亦稍稍衰矣。

仲仁先生生丁清季，世變日亟，外患日深，故自其少時即慨然有澄清之志。早歲英發，以名孝廉應經濟特科，宦遊南北，所與遊者悉當代賢豪。晚清同、光以來督撫權重，開府自辟僚屬，隱然如藩鎮，先生文名籍甚，自舉孝廉即從提學使者衡文蜀中，故宦轍所至，諸帥多禮致之幕下為司章奏，以是受知於項城袁氏。民國初元，袁氏掌握政權，陰蓄異志，先生珥筆府中，獨持大體。及籌安議起，袁氏憚先生方嚴，從容語之曰：「從來無不亡之朝，帝王末路有求為平民而不可得者，余老矣，將營菟裘於海外。外間紛紜滋非余意，苟相迫者，余當乘桴浮於海。」先生初不知袁氏之欺以其方也，顧信為由衷之言，每與人語，願以首領保袁氏無帝制自為意。其後帝制之謀日亟，勸進之表紛至，先生侃侃執前言相質，袁氏遂出先生長教育，實遠之也。先生雖夙受袁氏禮遇，然終不屈，拂袖以去，其大節屹然如此。自袁氏之歿十餘年間，相繼當國者多袁氏舊部，先生苟稍委蛇其間則勢位富貴即可立致，而先生不屑焉，獨以國家為重，凡可以弭紛爭、致統一者惟力是視。

先生長教育時，力主統一國語，畢生致力於此，老而彌篤，可謂識治本矣。至其爰護士類、獎掖後進，特餘事耳。民國二十年，日寇侵東北，翌年犯淞滬，先生時正里居，以忠義號召鄉里。越五年寇大舉來犯，中央鄭重決策，全面抗戰之局以定，先生尤激昂慷慨，誓不與敵人共戴一天。是年十一月，寇陷蘇城，先生入城西山中，間關至漢口，膺選為國民參政會參政員，耆年碩德，負議壇重望，於茲有年。余夙仰先生仗義之勇、謀國之忠，而處世接物則和平坦易，竊念抗戰勝利在望，憲政開始有期，老成典型如先生者，對社會國家將有更大之貢獻，不料先生遽以民國三十二年十月二十四日病逝陪都。其平生行誼、世系、爵里有國史、志乘在茲，所述者特其犖犖大端，蓋先生憂樂關天下如范希文，論議動鬼神如陸敬輿，而智略自喜慷慨多奇節又遠承有明吳中士大夫之流風。惜乎值抗戰建國之會，躬與國政而未及見狂寇之就殲、建國之完成，遽齎志以歿，悲夫！

我所嚮往之仲仁先生

張君勱

國所賴以立者曰忠誠貞固、守正不阿之正氣，或見之於直言侃侃面責廷諍，或見之於臨難不屈不事異族，或見之於力持邪正之辨不畏斧鉞之誅，亦有知事之不可為而不惜出生入死以挽救之，雖不見其成功而足以振奮千百載後之人心者，此皆所謂正氣也，其對象之不同則其表現而出者因時因地因事而異矣。吾蘇挽近之士氣，在外人視之每謂為巽懦疲軟，工文字、巧趨避，婉轉柔順，樂為人用，至於崢嶸屹立、獨往獨來之氣概，則少見矣。然此豈蘇人之本性哉？近三百年之環境使之然也。

考之宋、明以來之史實，可為明證。當宋靖康、建炎之際，持和議之非計者獨為李綱，而朝廷信之不專，忽任忽罷，獨太學生伏闕上書，斥李邦彥、張邦昌為賊，稱李綱為社稷之臣者，非丹陽之陳東乎？南宋厓山既失，負王赴海且驅妻子與之同盡者，非鎮江之陸秀夫乎？明之末葉，朝政不綱，獨有東林學派冷風熱血，洗滌乾坤（黃梨洲語），不獨對於風靡一時之天泉證道語，樹反對之幟，且對於朝政時加臧否，終至成為東漢《黨錮傳》中之人物者，非無錫之顧憲成、高攀龍乎？及明既亡，有瞿式耜從桂王以死，有顧炎武奔走南北志存匡復，又非吾蘇常州、昆山之人乎？彼宋、明時蘇人之見義勇為如彼，而今之蘇人懦弱如此，蓋清代三百年間，講學之風所以振作士氣者久已廢棄，而士子群趨於科舉一途，以中狀元、點翰林為榮，乃以成今日吾蘇衰弱不振之風氣也。

雖然，何幸於清代民國之交有吳縣張仲仁先生秉性剛正，有古所謂一士諤諤之風。當其身處朝局中，朋友至好有乞之以私者，公正色或以詼諧語揭發之無所忌，令干者惟有慚赧以退。公投身於政界十餘年，常以良心之所安為行事之標準，未以委身事人之故而輕易所信。公受知於項城，辛壬之交，公所以勸項城者曰：「服從共和以全萬世令名。」項城始雖面從，終於帝制自為，事先有詢公以事之確否者，公則答曰：「苟有其事，可殺吾頭。」項城知公之不附己，乃出之為教育總長，終於避居津沽，不與頌莽功德者同流，可知公之雖犯顏逆鱗而不以為意矣。元二之交，項城置俄蒙初期交涉於不理，恐天下責之以喪權辱國，於時勸與友好三數人訴袁氏十罪，賴公之保全乃得遠適異國。及二次革命起，陳君輝德在寧，嘗舉造幣廠銀十餘萬以助舉義者，及事敗，張勳將置陳君於罪，其為之辨白陳君非預聞始事之人而使陳君得以專心致力於創造金融大業者，公之力也。

馮公國璋兼代總統之日，邀公出任總統府秘書長，時則國會既廢，代以參議院，公則心知毀法之非而以無可挽救為恨事，及馮公任滿，公亦返鄉里不問世事，惟遇有地方兵災所以救恤之者不遺餘力，然此猶為尋常義舉而已。及「八一三」變起，公以七十老人倡議組織老子軍，國中初聞而駭然，繼知其所以愧天下無抗戰決心之人而發。蘇州陷敵，國人懸懸於公之生死，旋知其易僧服隱居山寺，繼且間道走香港，此又見公以垂老之年不屈於敵之威武、繫心於民國之安危者為何如也！凡此所舉公之大節，贊助民國也，反對帝制也，以老子軍號召抗日也，擬之吾鄉先賢陳東、陸秀夫、顧憲成、顧亭林輩，以軒昂矗立之氣視危難如無物者，可以先後輝映而無愧色。然則謂蘇人忠誠貞固守正不阿之氣，賴公以存於今日可焉。

民國三十三年三月重慶

紀念張仲仁先生

梁漱溟

渝中友人為紀念張仲仁先生徵文於愚，並言以有關仲老生前行事者為好。仲老與先父為清光緒乙酉鄉試同年，素相友好，於愚為父執。先父故後，愚數得晉接，深荷垂愛器重，每語及大局必諮詢愚之意見，愚既陳其所見輒示首肯，時或加以鼓勵，凡近年愚之主張行動，先生實嘉許之而深致其勖勉者也。卅年十一月在香港作別，不獲再度承教；去年先生在陪都作古，愚又不獲躬詣叩奠，感念在衷，至今耿耿於茲。徵文不能復辭，然先生生平行事並世中知之，確言之詳者正多其人，愚生也晚，所知甚為有限，實不敢輕於著筆，慮有錯誤，轉而不美，茲謹述兩事，一為距今三十年前所耳聞者、一為抗戰後所親接者。

距今三十年前即民國三年，正袁世凱帝制運動急進之時也，自清季以來先生在袁氏幕府多年，以性情和易、做事謹慎不苟，積年愈久愈為袁氏所倚任，其間關係蓋甚深矣。帝制之前，袁氏既毀臨時約法而別造一約法，改國務院為政事堂，攬大權於總統，先生被任為政事堂機要局局長，其見親信可知，而先生以愛國家兼愛惜袁氏之故，獨不贊成帝制。既向袁氏晉言反對，又以職掌機要可能掣肘，大為帝制派諸奸佞之所嫉忌，凡所以利誘之、威脅之者無不至矣，而先生終不為動。會有倪嗣沖等諸悍將晉京，段芝貴、雷震春等特聯合之張宴，宴先生於東興樓飯莊，公然向先生大示恫嚇，而先生依然堅持正義，且不失從容之度，諸奸無如之何，乃出先生為教育總長。總長之位雖尊而教育部則清閒，不復與聞機要矣。先生在教育部不能為遠圖，頗思整飭部僚風氣，引湘鄉曾氏「風氣起自一二人」之言以告僚屬，當時報紙多載其事。又曾載其於公餘休假之日獨自騎小驢為郊野之遊，蕭灑清逸，不類仕宦，此為愚所能記憶之前事。先生晚年每應他人之請自述舊事，容或記述及此，持以相較，未知此所云之得不失正確否。

抗戰以後，國民參政會成立，先生與愚同膺參政員之選，接觸機會較多。猶憶廿七年十月杪在重慶開會，愚寓雞街口粉江飯店，先生抵渝稍後，覓寓所未得，因以房間奉讓，先生留愚同住，設一小榻於室隅，遂得朝夕侍側者旬餘日。時值廣州、武漢先後不守，人心震動，汪逆主和已在陰謀中，以故頗有紛紜之論，先生秉持正義，意態堅定，其於靖人心、固正氣蓋亦有力焉。先生起居生活謹嚴有規律，不以年衰自懈，每日天不明即起床，如無燈則秉燭書日記及雜記，審其紙本似為數十年前所收藏之物。作書既畢，則就室內作種種運動以鍛鍊身體，粉江飯店建築殊不堅固，樓板皆為之動搖，愚以長者既興不敢更臥，而先生則囑以天尚未明，無事不必起來，蓋其自律之嚴而待人以恕又如此焉。

先生言行可以為世人則法者甚多，愚愧未能道其什之一二，然即此所述，不既可使今之人有以自鏡而知其所當勉邪？

仲仁先生之回憶

張名振

烏乎，先生逝矣！其生平言行記載綦詳，余亦不能無所紀述。余於民國三年權長法制局事，適先生任機要局長，忘年訂交，甚相得也。袁氏野心日大，先生遇事裁抑，頗具苦衷。迨邪說朋興，國體動搖，復根據約法力持正義，忌者側目，恐嚇多端，弗顧也。時徐菊人先生方謝病引退，先生往訪之，徐氏告以：「國事至此，危險殊甚，人皆以君為傻子，尚能最後再進一言乎？」先生曰：「諾。」翌日謁袁以徐語語袁，並痛陳利害至切，袁謂：「軍人將不利於君，幸勿多言。」先生憤然曰：「如不能管束軍人，假令受其擁戴，專橫跋扈，為禍更烈。稱帝者之結果可知矣，烏乎可？」出語同僚人，皆服其膽，旋蜚語蜂起，乃以先生出長教育，實疏遠之。及馮河間代總統，聘為秘書長，不久謝去南歸，偶或北來一聚。嗣余南下訪先生於吳門，抗日戰起，先生移家香港，余亦在港得以晤對。數載以來，余遄返故里，時相過從，縱談文藝，涉及禪語，曾偕往參學大乘密宗，先生蓋夙具慧根人也。

張仲仁先生軼事狀

錢基博

維三十二年十月，吳縣張仲仁先生以參政薨於行都，於是先生年七十七矣。寧啻州部之良，抑為天下之老，民失具瞻，國恫殄瘁，懿德之好，秉彝攸同。茲不有述，後將安仰？而以先生於博有一日之知，屬抒睹記之所及以備史氏之有採，獨念予季孫卿以鄉邦父老之命服勞地方而與先生周旋過從之日久，余性疏簡，不喜接人事，寧一室坐嘯以自為泰，先生獨以文墨議論有意於余。人皆謂先生之輔袁世凱以義，不以生平眷顧之私而為詭隨，有以仰先生立身之高，和而不同，私獨以先生之接余兄弟以謙，不以後生年輩之末而引共濟，有以闚先生執德之宏，周而不比，其心休休，其如有容盛德形容誼無所逃，羅舉細故以裨高深。君子觀人必於其微，不嫌瑣也，抑不敢誣也。

先生名一麐，仲仁其字也。余之獲接於先生，吳江費君樹蔚實介之，而為民國五年。方是時，袁氏僭帝，費君以密戚而為肅政使，先生以幕僚而為內史兼政事堂機要局局長，咸以久故而與帷幄，而費君諍之疾，先生陰與持，費君抗議不省，則拂衣南下，棄官告絕，而先生中於和節，不為聲章。袁氏則以先生素所賓敬，而出為教育總長，陽為顯擢，意實疏外。顧先生維匡調娛不改於故，以迄袁氏殞命而為經紀其喪，曰：「吾以無負於府主也。」然後南歸而拜其母，庶幾有始終者，於是母夫人年八十矣。費君則介其友人金君祖澤而造於余曰：「聞吾子之名舊矣，吳中士夫議製屏以介壽於張母，而張先生之高風亮節，母夫人之壼教內美，微吾子之文不足以張之，屬某也為之請，敢以不腆致潤筆。」余卻之曰：「文不敢以辭，然余固不鬻文以為生，而張先生之母亦豈可鬻文以為壽？張先生國之正人，而諸公不棄，以介壽之文屬於余，是亦以余為正人也，焉有正人之文而可以貨取者乎？焉有壽正人之母而可以貨為文者乎？」因為文引《孝經》「顯親揚名，孝之大者」而謂：「以高官膴仕顯親揚名於一時，不如以砥行立節顯親揚名於後世，壽莫壽於使後世知母為古人也，千秋萬歲揚休無極。」

費君讀之大喜，而先生讀之亦大喜，覆書以謝曰：「曩者張南通嘗眎君論鹽政計畫書，謂熟曉掌故而澤以爾雅，有魏默深、龔定庵之風，今誦所為壽母之文，中古誼以相礱切，敬聞命矣。」乃知端人而非文士，顧以余之卻潤也必欲得當以報，乃表吾母孫夫人之墓而稱其文章中引南通張謇之言，謂江以北無抗顏行。吳江費樹蔚則曰：「豈惟江北，即江以南亦寧有二？」蓋不恤以聲聞過情之談而獎，藉之以勉於踐也，其然豈其然乎？馮國璋之督軍江蘇也，尤禮重先生，而欲得一吳士為秘書，以備諮詢而悉當地情偽，問先生誰可者，先生則以金君祖澤與余對。金君固高蹈自重，而余則以秘書為人喉舌職代言主者，或有失政亦必以文章為潤色，職固爾也，有筆有舌，胡不自抒所欲言而代人之言？吾不能自抒所欲言，吾寧捫吾舌、韜吾筆以不言也，亦謝卻之。先生則貽金君書謂：「公老成養望，猶有可說，錢君年事方壯，何可不出？天下事在人，為馮公以客，將懸寄亦欲為惠於吾蘇，而延主人以相僇力，主人則深閉固拒若將浼焉，然則政事措施之不當，民間疾苦有不知，亦必有尸其責者，而豈馮公之咎哉？」其時里中父老亦以黨獄繁興，而促余一出以善消弭者，余則自以不能委蛇以授徒養父，民間疾苦知之稔矣，而苦於主者之不知，則議論不能無激切，交淺言深或以賈禍，老父在堂亦非所許，覆書謝絕，先生亦不之強也。然先生之有意於余而驅策之，以為鄉邦服勞，用心甚苦，而余愧無以承安，能不呼負負也？

及十年而先生當選江蘇第三屆省議會議員，予季孫卿亦與焉，而議長之競選以起，時有為公子名流之說者。公子者張君孝若也，以南通名父之子，故尊之曰「公子」，名流則先生，所謂民之望也。然而黨同伐異，囂然塵上矣，於是予季孫卿通電聲明，以議長由議員互選，議員同出選舉名流公子，初未嘗自有所異，而非名流公子亦何必挾以為重？彼持名流公子之說者，皆其人無以自重而欲挾他人以為重者也。議會為集議體，議長不過議員之一，其對外名義亦以議會而非議長，人亦何所利而必為議長，亦何所不利而不欲為議員？顧其為公子者則大張旗鼓，成立所謂金陵俱樂部，自號多數，而心有不慊者相約不出席，於是予季發表〈論選舉議長書〉，發表〈為議長問題告同人〉及〈再告同人〉兩書，大旨謂政黨運用重在政策，若為議長而啟紛爭，是不啻示人以組織政黨為個人之意味多、為政策之意味少，可以犧牲政策以殉個人而不能犧牲個人以全政策。力主除去兩張另舉一人，其後卒如予季言而由武進徐君果人當選議長。張君孝若即電會辭省議員，而先生則出席依然，坦迤若無事，於是予季歎曰：「名士自有真如仲老者，其名可及，其德度不可及也。昔郭林宗稱黃叔度汪汪若千頃之陂，挹之不濁，澄之不清，吾於仲老亦云。」自是江南有大利害必奉手先生，而先生亦虛衷採納，左提右挈，相與持地方之傾而以待天下之定，不競不絿，則先生之以也。

嗚呼！費君獨憤直道之不容，嗟人生之實難，而以二十四年侘傺死矣，余輓以聯曰：「矯首於共和，絕續之交，君之宗之，早識高名空冀北；揮涕在交情，死生以外，撫我虐我，誰宏大論奠江南。」蓋實錄也。先生既為費仲深先生傳張其風誼，以不負死友，而於文集之編獨若謙讓，有所未遑，以告其孤曰：「吾不如錢君。」余既論次而序之，因過先生，先生為言：「仲深最服吾子文，嘗手寫吾子文十數篇以相眎，余於仲深十年以長，仕宦相偕，問學相商，固弟畜之。仲深擅詩筆，吾子能古文，仲深英氣逼人，吾子長者，恂恂出處語默絕不似然，知吾子者莫如仲深。仲深以獨立不懼，世途多迕，不如吾子之遁世無悶，蕭然物外。」余膺之曰：「人苦不自知，未敢以欺長者。獨立不懼意氣可以自負，遁世無悶隱微孰堪？自信此養聖之功非末學所能也。」先生亦許為不欺。先生危行言遜，不如費君之疆直自遂，然十餘年來江南亦多故矣，大兵大災，薦更喪亂，政柄可以迭移而生民無所托命，惟先生拄危定傾，有以綏底之，其中隱微委曲有不得語於人人而默運於先生之一心者，惟予季知之為深。

二十六年抗日興軍，予季以無錫縣商會主席、江蘇航業公會主席而被委主任軍站供應，予季以匹夫有責，不敢逃命，則徵集汽輪以供運輸凡幾百艘，徵集米麵以供糧食凡幾十萬，而各輪船公司各廠家以予季服勞地方，未嘗以自私利，予取予求，悉索惟命。六師所過，靡有缺供。顧師徒不戒，江南告陷，至十一月二十一日，縣官以下無不撤退，予季慷慨語門生子弟，謂：「守土者可以奉令撤退，而吾儕生於斯長於斯，丘墓所在，寧棄如遺？不能不走，未可遽走。」部分指揮，各竭所能，壯丁登記，焚其冊籍曰「毋以藉寇兵」；余粮簿錄致之上海，曰「毋以賫盜糧」；潰兵途遇，派人導引，曰「毋以遺敵俘」。以二十四日護妻子避鄉，而日軍以二十五日入城，劫盜橫行，殺越人於市而欲得予季為用，懸名募告，予季則買小舟泛五湖，晝不敢傍岸，夜則泊蘆葦，如是者一月，伺購索之懈而後繞道南通以之上海。先生亦以日軍購索而先期至，相遇於旅，執手涕零，予季曰：「吾力竭矣。」先生麐曰：「力有竭而意無盡，將以何為？」予季則建議糾集江浙兩省士紳之亡命而至者，成同鄉會，月兩聚餐於八仙橋之青年會，以資摶結而圖善後，先生可之。

乃以二十七年之二月十五日為第一會，至者百餘人，皆民之望也。先生主席，感慨陳詞，申「三軍可奪帥，匹夫不可奪志」之義，聲容激越，在座莫不氣振而志以莫搖。江陰縣商會主席吳君聽臚，亦感先生之言，而日人三登其門請之歸以主縣政，卻弗見，日人則見其子以脅其父，而吳君嚴斥弗許也。既而先生欲告難行都，予季往送先生，顧語曰：「國家棄我，我不棄國家，別矣。我年七十，君亦餘五十，於名於利更何希圖，維桑與梓必恭敬止，毋負地方，亦毋負國家。行者居者各盡乃心，其濟與否則天也。」於時余任教國立浙江大學，而隨轉徙以之泰和，瞻來日之大難，愳致身以無地，而撰〈吾人何以自處〉一文，以為寇深國危，非死之難而生為難，以告於朋友，以寄於予季。既幸予季之不降志辱身，而又欣其脫死，亟欲一面。以七月之上海而晤予季，乃知一婢阿榛以夫病不得偕，攜兒奉姑而守龔氏之室，日軍入城而聞鄰居婦見迫呼救，其姑睹事急，則牢關大門而驅榛入於房，曰：「汝侍夫也。」積薪於其戶外，注油焉而坐守之，伺有卒之奪關也則縱火焉，姑婦母子三代並命也。有同居者走而得出，為予季告如此，顧龔氏則以為大恨，謂守室而毀室也。余聞語予季曰：「吾儕靦顏儒衣冠，讀書識道理而偷生視息以在此，不如此嫗之有分決也，真有何必讀書之歎！」予季則告以先生之言，余膺之曰：「然三軍可奪帥，匹夫不可奪志，國格雖或以兵力屈，而人格則可以心力持？人格能自持，則國格終不墮。」胡文忠公有言：「兵可挫而氣不可挫，氣可挫而志不可挫。」蓋兵之挫無可如何，而氣之挫、志之挫所貴自力也。予季則介余詣江浙同鄉會以有陳說，余乃承先生之論而益闡之，推本上古，驗之當世，參以兵法，察盛衰之理，審權勢力宜，聽者亦為動容，謂：「自仲老之去，鬱陶於心久矣，未有深切著明議論如今日者也。」

日人某氏嘗主上海同文書院之支那研究部，而讀余所著《現代中國文學史》，貽書為校訛字，又以余為文稱引慈溪裘君毓麟《思辨廣錄》，來書乞為介以取迻譯，然而未之晤也，至是投刺相謁，以亞洲文化、歐洲文化為論談，次因言：「賢弟昔嘗有惠於鄉邦，而今避地如勿及，於初心得毋刺謬。即如張仲老一去蘇州，而人心失所維繫，不得不日尋干戈，豈仁人君子之用心？縱一身之節義為重，而地方之休戚尤大，此中亦有權衡，孔子所為譏欲潔其身而亂大倫者也。」余膺之曰：「唯唯，否否。不然，國之不存，何有地方？枉己直人，孟子不許。仲老國士，愛惜羽毛，重其身以重中國，豈可枉其身以徇地方？仲老縱不自愛，國人亦所不容。余弟摧頹不堪世用，苟全性命為幸，其他匪所思存。然不愛其身而愛他人者，謂之悖德，愚兄弟思之熟矣。」予季則綜核經管地方，余將都若干萬而代表無錫商會以雙十節獻金交在滬中央銀行匯解，有故人子先於城破之日攜款數千金走漢口，予季則電責就近獻繳，亦以電告陳將軍誠毋任隱匿，曰：「國家喪敗而廉潔不可墮，地方紊亂而風氣不可壞，雖亡老成人尚有典刑，吾斯以無負於地方者無負於國家矣。」蓋先生之教也。

先生溫恭煦嫗，與人為亡町畦而大節不可奪，神機有默運，浩浩汪汪，仰止景行，稟命不融。天不憖遺一老，永懷哀悼，靡所置念，敢寫身歷以昭義問，其所不知蓋闕如也。三十二年十二月謹狀，時避兵湘中之光明山。

兩次哭先生

郭沫若

我認識仲仁先生是在抗戰以後，二十六年七月二十七日回滬，「八一三」滬戰爆發，九月中旬我往南京，路過蘇州，未經任何人的介紹，我找著一位識路的朋友便去叩訪仲仁先生。

先生的公館所在處的巷名我不能記憶了，進門後隔著一帶窄窄的天井，便是一間很寬廣的大廳，兩旁壁次還陳列著插在木架上的很多長方銜牌，朱紅金字，所表識的不用說都是先生以前的官歷。沿著階緣右走，被人引進一道在牆上開著的弓形側門，便又走進了一座院落中，庭中有花木種植，正對著這中庭的一間小花廳，似乎就是先生的外書齋了。我被引了進去，室中書籍甚多，屏息就座，不一會先生便出來了。談過些什麼話語，我已經不能記憶，只記得談到過詩上來，先生把他當時詠滬戰的新作已經油印好了的送了一份給我，後來曾在上海《救亡日報》上逐次發表過。

書齋的內部呈曲尺形，在彎向左側的一部分陳著先生的書案，上面還放著一張新寫好的小條幅，是臨的蘇東坡的詩「天際烏雲含雨重，樓頭紅日照山明。嵩陽居士今何在，青眼觀人萬里情」，我說過可惜來得倉卒，沒有備些紙頭來請求墨寶，先生便很慷慨地把這張紙給了我。這條幅我還寄存在上海，沒有帶出，想來總不至於紛失吧！

這是我第一次拜見先生，三十年我五十初度的時候，先生有四首詩送我，第一首便紀述的這件事：

不速嘉賓遠道來，故鄉三徑為君開。
雄談驚座吟肩聳，始識金臺有郭隗。
（「八一三」前君訪我於蘇城。）

足見先生把我拜見他的事情是留在記憶裡的。我在當時究竟放肆地作過些什麼雄談，先生或記憶，但我實在絲毫也不記憶了。只是注中的「『八一三』前」應作「『八一三』後」，想係先生一時的筆誤吧！

上海成為孤島後，在十一月廿七日，我離滬赴香港，接著又由香港到廣州，在那兒計畫《救亡日報》的復刊，結果終於實現了。就在那時候，我聽到一個謠傳，說日寇進迫蘇州時，仲仁先生預先換上僧服向山裡躲避了，後來為日寇偵得要逼他下山擔任偽職，先生竟跳井自盡了。這謠傳是有充分的真實性的，因為以先生的高齡，不易避出是情理中的事，以先生的氣節，一定會為民族增光，尤其是情理中的事。所以我便和好些人一樣都把這個謠傳信以為真了，我哭過先生，我還做了一篇文章來追悼先生，登在《救亡日報》廣州復刊版的第二號上，這文章我是剪存下來了的，一時放遺失了。

我這樣生祭過先生一次，自然也被先生知道了，後來「七七」周年紀念在武漢開大會的時候，我們請先生致開會辭，他在大會臺上見到我，談到我生祭他的事，彼此大笑，先生贈我的第二首詩是記的這件事：

寇至謠傳井有仁，東坡海外誄文陳。

漢皋再晤惟狂笑，離亂餘生意倍親。

（蘇城陷後有投井之謠，君於《救亡日報》大為扼腕，至漢皋後相遇大笑。）

這詩完全是紀實，但在當天象遇大笑之後，因為開會的時間有點齟齬，不知道為了要等什麼人或什麼事，我已經不記憶了。先生很著急，因為在相差不遠的時刻先生還要參政會上去致辭，算好依然如期開了會，沒有耽誤到先生的日程。在先生著急的時候，給我的印象最深，平常已經是炯炯的兩眼更加顯得星圓而有芒，面色在童顏之上更加紅潮，充分顯示著先生的負責任、重時間的性格。

先生贈我的詩還有兩首，雖然和我們交往的事蹟沒有什麼直接的關係，我也把他來鈔錄在這兒，以表示先生獎勵後進的風誼：

陪都小住未班荊，海外時聞木鐸聲。

有雀南飛傳吉語，遙飛一盞祝長庚。

香島棲遲得柳州，林宗著作費搜求。
何當還我河山日，更布雷音遍九州。

做這詩時，先生寓居香港，詩中的「柳州」指的是柳亞子先生。亞子先生喜搜藏近人著作，與一般的搜藏家專喜唐鈔宋刻的不同，因此我的作品也就在被搜求之列了。亞子先生同樣對於我有厚愛，當時香港友人贈我的祝序便是亞子先生所做，並由他親手寫就的。而仲仁先生在詩裡面竟比我為郭隗、為蘇軾、為李白、為郭泰，更進而宏我以木鐸、以雷音，在先生那樣耿直的性格，我不敢認為是純出於藻飾，我感覺著先生所期許我的過高過大，實在有點惶恐。當然我也願意接受先生對於我的勉勵，我願意把先生的期許作為懸的努力，鞭策自己，即使盡畢生之力不能達到，總要求其接近一些。

後來我還有機會會見過先生幾次，有一次是三十年十一月吧，先生的次公子在陪都結婚，我親自送了一軸條幅去表示賀意。先生住在交通銀行，我聽說先生晨起甚早，我是六點鐘去的，先生果然已經起床了。

三十一年「五四」，政治部招待文化界晚會，是我親自坐車迎接先生到復興關的。先生當晚興致極佳，把所有的餘興節目都看完了，我又坐著車子送先生回寓。但我的車在山坡上大抛其錨，正弄得上下兩難的時候，幸好遇著包華國先生的車子，算把我們搭救了。先生當時還不認識包先生，經我介紹才成了相識，在車上先生很關心地問了些國內國外的情形，他很關心國內團結的問題，總希望要能團結才好，又問到戰爭什麼時候可以結束。我知道先生關於這些問題一定是很明白的，他向我們提出只不過是一位富於慈愛精神的長者對於我們的精神測驗而已。這一次要算是我和先生見面的最後一次，我時常感覺著先生的精神比我們年輕人要好得多，但沒想出竟棄我們而長逝了。

先生一生，我相信別無遺憾，所遺憾的或許就和陸劍南一樣傷心不見九州同的一點吧！這是我們後繼者的責任，總要能夠加緊團結，迅速還我河山，才能夠對得起我們的長者。我算兩次哭了先生，但就在這第二次上，我依然堅信著先生是活著的。」

追悼仲老

千家駒

仲老在陪都捐館，我當時便想寫點悼念的文字，奈以人事栗六未果。日前收到亞子先生的信，說：「渝中將為仲老出版紀念集，囑撰文字云云。弟患神經衰弱之症，半年未癒，握管不能成一字，已鈔輓詩四首寄去塞責，先生如有大著，當為郭君歡迎。茲將郭君原信附奉，希察閱為感。」我又想起仲老那副祥慈謙和的音貌來。說到紀念仲老，那我這個後生小子真是太不配了！我認識仲老還是在民國三十年我去香港之後，那時仲老寄寓在九龍彌敦道漢口路的一家四層樓上，因友人之介而識荊。我以前只知道仲老是一個主持正義、提倡新文字的長者，見面以後他那種和靄可親、虛謙溫厚的態度更給了我以不可磨滅的印象。此後不時見面，他常常殷殷垂詢我的經濟狀況，當我告訴他賣文尚能勉強支持家庭生活時，他慨然說：「究竟你是專家，一個人終要有一藝之長呵！」我說：「賣文章的專家太不中用了，專家應該獻其所長為國家用的，像我這樣的專家太沒出息了！」仲老說：「這不是你的過失，這是社會的過失呵。」

仲老曾為大官，但他毫無架子，決不賣老。當時我每週為香港《大公報》撰社論一篇，多屬關於經濟方面的，仲老每見拙作，必說「這又是你的大筆了」，繼著就談談關於經濟方面的問題。我們有時在半島酒店飲茶，仲老時常要搶著去付錢，不認識的人也許以為仲老道貌岸然令人敬畏，而事實上仲老談吐幽默，令人可敬可親，而他幽默的談吐大都含有至理。仲老主張民主，主張團結，主張進步，當他卅年要飛渝出席國民參政會時，友人中頗有以他體力不勝為慮者（他病癒不久），他說：「我到重慶還可以說說話，還是去的好。」同時他把以前做的一首詩讀給我們聽，記得最後兩句是「歌功頌德由君輩，折甲批鱗屬老生」。像這樣一位主持正義、嚴辯是非的長者，真可說是中國士大夫優良傳統之典型的代表。他的逝世不僅是抗戰的不幸，也是中國民主陣線之重大的損失呢！」

追念江左耆英張仲仁先生

汪懋祖

予小子與張仲仁先生居同州里，少時曾讀其文而未獲親見其人，迨民國五年歲首始晉謁先生於北京。先生方為教育總長，其時袁世凱圖稱帝，有大典籌備處偽造民意，濳令各省勸進，先生竭力諫阻，袁氏惡之，遂由機要局局長調任教育總長，蓋疏而外之，並派偵探暗伺其行動。倪嗣沖購苦力流氓偽稱「公民團」向總統府請願擁戴，一日逢宴會，先生即席呵斥倪氏，幾為所殺。時各部長官多進表稱臣，有文名藉甚之某秘書長，於袁前語必稱臣，先生出而語人曰：「若某人乃有臣癖。」一時傳為趣談。教育界雖多明達，但在袁氏淫威之下，不敢倡反帝制，袁氏左右頗運動教育界勸進，卒以先生意態堅決，勿用洪憲年號。其時教育次長為先舅袁公觀瀾，與先生和衷共濟，力持大體，教育界卒未受玷污。自雲南起義，各省紛紛獨立，帝制卒以取銷，時先生已辭去教育總長職，將樸被出都，而取消帝制之令卒亦出於先生之手。人皆知先生原為袁氏所拔擢，但其於公私是非之間辨之甚明，袁氏左右所造成之政治環境既非個人之力所能挽回，爭之無效則掛冠以去，進退出處咸合於古君子之行誼。論其功雖非赫赫如革命之行動，而潛謀轉移之力有不可磨滅者先生亦因此為時流所屬望，此一時也。

民國七年張勳謀復辟，先生在南京說馮國璋通電討逆，段祺瑞再奠共和，其部下勢驕甚，先生曾一度入總統府任秘書長，與安福系不協，發生府院之爭，由是灰心政治。民國八年以後軍閥內哄，國帑枯竭，北京國立八校痛政治腐敗，陽已經費久欠集體與政府爭，暗示不合作。十年四月實行罷課呼籲，政府充耳不聞。六月三日，乃向總統徐世昌請願，遭衛兵閉拒，各校師生代表多被擊傷，是即北京教育界「六三」請願案，懋祖亦身歷其境。是時先生在京代熊秉三先生主持香山慈幼院事，固已不問政治，而與蔡孑民、梁任公諸先生協力文化運動，目擊教育瀕於破產，實為國家前途大憂，於是約同前任教育總長范靜生、傅沅叔、張乾若三先生出而調護，八校得以維持，雖其後國庫收入皆被軍閥截留，教育經費仍無保障，然而先生維護教育之苦心亦為當時北京各校所共感仰，此一時也。

既而先生南旋，奉母家居，於指導地方事業之餘仍惓懷國事，軍閥交哄連年不斷，因此頗贊成聯省自治，期杜野心者擁兵自衛及割據之禍。十三年秋，齊燮元、盧永祥構釁備戰，蘇人推先生與江浙士紳領袖奔走和平，訂立公約，皆歸無效，而吳佩孚倡「武力統一」之口號，先生通電請息兵開和議，勸其懸崖勒馬，以國家前途及百姓生命為重。無如挽回乏術，繼而奉軍楊宇霆南下，繼以孫傳芳據江左稱聯帥，又繼以張宗昌南來侵擾，先生以江蘇父老之託奔走斡旋，雖苦口婆心不足以消弭凶頑黷武之禍，而在江南一帶群凶似猶有所顧忌，此又一時也。

當國民革命轉戰江西之際，國人對於三民主義之認識無多，且因容共關係，宣傳不免過當，先生又一度被推代表，赴贛向蔣總司令請願接洽，國運之轉變固已默識於心。迨國民革命軍初定南京，一時是非紛呶黑白混淆，每有因睚眥之怨企圖報復而高呼打倒某某劣紳設計陷害者，先生獨無所芥蒂，夷然處之。民國十六年至二十年間，懋祖回蘇任蘇州中學校長，為蘇屬文化及教育之中心，多賴先生之協助與指導，並追隨杖履，參與縣政及地方文化公益事業，間或相從遊覽山水，益佩先生清明在躬，其剛正之氣、淵默之度為不可及。廿一年「一二八」之役，先生扼腕痛心而身體益衰弱，乃習太極拳，常下鄉小住，黎明即起習拳，有聞雞起舞之概。其次子為鼎在蘇州中學畢業後，先生命報考航空學校，因身體檢查不能及格而罷，蓋早知中日交涉必無妥協之可能，凡屬國民人人皆應奮發也。

廿六年「八一三」日本襲擊淞滬我軍，抗戰開始。十六日敵機轟炸蘇垣，先生赴南翔勞軍，而縣長鄧翔海於蘇州轟炸之夕出走，人心慌亂，懋祖謁先生商避地。時已遣家屬赴滬，只見先生一人獨守家門，謂：「軍興之際，地方秩序不可一日紊亂，關於前後方之聯絡，地方士紳不能不負相當責任，此時尚非吾等避難之時。」遂以其所發起之老子軍一文見示，蓋欲以激勵民眾抗戰之情緒，良具苦心。先生平素景仰范文正公，其老子軍之名稱即取自小范老子，且謂：「既有童子軍，何不可有老子軍以協助抗戰乎？」時流有譏為書生之見，甚且譏為一種遊戲文章者，殊不知其激勵民眾同仇敵愾之苦心，尤其對於蘇州痳木之環境，借此作興奮之劑，其用心深矣！迨蘇州淪陷，先生矯裝老僧出圍，抵重慶謁蔣委員長。二十七年春到昆明，時懋祖在滇籌備中央政治分校，獲與先生重聚，各道蘇州別後經歷，悲喜交集，曾約同故友江小鶼為洗塵。先生精神如昔，為懋祖書「五嶽尋山不辭遠，萬方多難此登臨」一聯，同時索書者二十餘起，先生一一書之，可見其精力尚不弱。不料自昆明一別，竟成永訣，瞻仰遺墨，恍親音容，不禁泫然。

先生五十歲以前行狀，懋祖知之甚鮮，但聞父老言，先生十二歲入泮，十六歲領鄉舉，處館教讀，讀書常以天下為己任，則猶范希文之志也。及壯曾隨鄉先輩吳鈍齋閣學入蜀校士，庚子後在蘇提倡新學，在唐家巷開設小學，頑舊之徒聞其議論未嘗不目之為怪。光緒二十九年應經濟特科取第二，於是久居北方，時一返蘇，直至民國十年始退隱林泉，但遇可以安國家、利民生之事，及被推充代表請願之舉，仍不辭勞苦，苟義之所在無不力任其難。抗戰起後，入陪都為國民參政員，公舉為主席團之一。三十二年逝世，年七十六。國府輓以「江左耆英」之額，蔣委員長製祭文備致尊崇。先生得見百年來不平等條約之取銷，得見積弱之中國與英、美、蘇三強同盟作戰，而其希望最殷之憲政亦將於抗戰結束後實現，至先生之子女各能樹立，效力國家，先生可以瞑目矣！先生貌清癯，自奉甚寒儉，初見之類一村儒，及把談稍久，其清剛之氣每使人悅服，蓋其素修極深，內充而外弗露。又遇事肯負責而不居其功，對於已往政治變故不願多述，其出處進退之際毫無遺憾，愛國之忱老而彌篤。平生守道自得，孔子謂「剛毅木訥近仁」，孟子謂「雖大行不加焉，雖窮居不損焉，分定故也」，真儒行之典型，宜長為後輩所矜式。懋祖不敏，謹就所知微末草成此略，以諗我鄉人。

民國三十二年之夏，在昆明接旅渝江蘇同鄉來函，為仲老徵文紀念，即書此篇以應之。去冬在渝晤仲老次女為璇女士，云已讀過此文，並得悉仲老身後情形，歎息久之，擬回鄉後為仲老發起紀念會。乃吾久病蹉跎，至今聞省參議會已動議公葬仲老，足見遺愛在人，乃默錄前作貢諸議會，尚祈參政諸公徵集事蹟，纂輯傳記，上供史館，下備方志，表彰潛德，諒多同心，實所禱祝。懋祖又識，三十六年三月一日。

張一麐生平*

張一澧

張一麐，字仲仁，公紱、民傭，皆其別號也。幼呼曰卯生，有神童之譽。年十二入泮，十四應秋試，中副車。其父是彝，以進士用知縣，分省直隸。仲仁隨侍北行，改北闈，中第十名經魁，與張南通、李伯行等為同年。適伯行之父文忠公開府北洋，仲仁以年家子往謁，備詢家世。時慈禧太后預朝政，閱仲仁履歷，知為直隸知縣張是彝之子。偶語文忠，返北洋，立傳是彝，委署保定府正定縣缺。正定以沖繁難稱，而是彝宅心仁厚，有逆倫案，例須知縣監斬，是彝對之揮淚，因不樂居官。然聽鼓日久，虧負累累，不能去。仲仁得在官廨發憤讀書，兼課其弟一鵬。

未二年，是彝以事忤府尊，去官返里，旋病歿。仲仁遂丁憂，就館於盤關汪氏，汪瑞闓、汪士元皆其及門也。復就館於鳳凰街陸氏、嚴衙前張氏，文名鵲起，具修脯者無弗誨。遇紫陽、正誼、平江三書院試文，仲仁輒前列，月得膏火及館穀可三四十元。其兄一夔力不足以贍家，家事無大小，悉取決於仲仁。然必承其母吳太夫人意旨而行，無一事敢自專，孝友殆性成焉。嘗應其房師孔祥麟召，至湖北學幕閱文，以驚悸致疾，得其友吳希玉力任調治，始獲痊。元配顧氏病弱，屢產多不育，因勸納一妾。迨顧氏歿，猶悵悵若有所失，則篤於伉儷情焉。仲仁課弟一鵬至嚴，一鵬入泮，始令就婚方氏。成婚才數月，令入學古堂讀書，復時考察其文字。鄉闈報捷至，親族皆為一鵬榮，仲仁方以驕盈為戒。甲午以後，康、梁倡新學，預備廢科舉。雲摶設開智書室於觀前大街，立小學於唐家巷。雲摶者，一鵬之字也，仲仁始呼其乳名曰壬生，至是見其交遊日廣，呼為雲摶。兄弟二人，更就唐家巷發起一「蘇學會」，廣購書報，備入會者隨時取閱。一時知名士若章鈺、孔昭晉、汪榮寶、裴熙琳、祝秉綱、邱公恪等，咸預其事。

仲仁復應四川學使吳郁生之聘。閱二年，雲摶亦赴上海，擔任澄衷學堂師範班理化教習，有堂弟一澧從，一澧即顧圃也。雲摶旋以汪瑞闓自江西電召，急覓替人。適仲仁由川返，遂舉兄自代。師範生姚明輝以仲仁岸然道貌指為頑固派，總教章梫、白振民亦有所藐視，顧圃憤而與爭，不能勝。因列舉師範班腐敗情狀，披露於章炳麟、鄒容所辦《蘇報》中。學堂知係顧圃所為，由總教召詢其事，顧圃直認不少諱。結果師範班自行解散。

仲仁屢赴春官，均以姊婿夏孫桐充考官回避，幾無意進取矣。朝廷忽舉行經濟特科，有旨令各省吏擇尤保薦。蘇人如徐沅、胡玉縉、章鈺均得保。仲仁以不屑鑽營，竟無名。及門沈鈞儒言於其叔陝西學政沈衛，專章入薦，蘇撫恩壽知之，復加密保。考時首場名列第六，其第一人為梁士詒。二場有財政題，仲仁舉斯密亞丹《原富》所言者，引證周詳，主試張文襄特賞之，擬置第一。及啟彌封，知為一孝廉，後列者功名均出其上，恐不足以壓卷，檢至第六人雲南袁嘉穀，為翰苑出身。揭曉袁第一，仲仁第二。至梁士詒查係粵籍，慮為梁啟超族人，時梁以戊戌嫌疑，亡命日本。梁士詒因此致遭屈抑。而仲仁之以知縣分直隸，則由於經濟特科也。本分湖北省，前總統袁世凱時方開府北洋，欲收羅人才，因一仲仁與文襄力爭，遂分直隸，為仲仁與袁遇合之始。到省僅數日，即委仲仁為督轅文案，與阮忠樞、于式枚、傅增湘、金邦平諸公，同見信任。

先是仲仁以妾死無子，續娶陳氏，奉吳太夫人居蘇，不欲久違定省，舉家移津，賃屋於督轅後之操場前。為雲搏謀官報局事，並為願圃謀考工廠事。仲仁愛弈而不精，退公之餘，嘗與雲搏對局，雲搏欲博及兄歡，逢劫故不應，因得屢勝。受願圃四子，竟無局弗勝，每藉以取家庭之樂。雲搏旋謀北洋官費，派赴日本留學法政。願圃亦得仲仁揄揚於北洋道員周學熙之前，調充工藝局總編纂。復派赴鄂、蘇、浙等省調查實業，兼駐滬採辦機織差。偶作冶游，為仲仁所知，並遭賭豪潘稻齋設局誣陷，既耗資，復喪名。仲仁雖為出力營救，已漸鄙夷其人。時其兄一夔已死，有侄為章、為屏、為復，依母孔夫人在籍讀書，頗拮据。仲仁不時周恤之。其房叔是謇，素業儒，兼習典業，以失業走依仲仁。

仲仁在督幕，自朝至暮，整理分牘，不少輟。其為文也，既工且敏，往往他人數百言不能盡者，以數十言了之。偶遇昏夜，袁指名索幕客不得，而仲仁猶危坐己室。乃召與之談，屬令起草，則對坐疾書，十餘稿立就。人誇為枚皋。自是常參機密，得兼署同河防知，不暇顧及私事，悉以託是謇。惟同知得理民情，一日，拘一小竊至，稱為饑寒所迫。仲仁惻然動念，給以銀蚨數元，令作小負販自活。不數日，小竊又拘至，訊渠何不改行，則稱所賜僅敷小負販一次資本，連遭折閱，苦無從借貸，遂不得已為之。仲仁以為情猶可原，薄責之，予金如前數，放之行。不數日，又犯竊案拘至，俯首無詞，仲仁命送之獄。忽呼母而哭，復訊之，則云小人死不足惜，家有老母，年七十餘矣。小人一日不至家，母必挨餓，是以哭耳。事為後堂吳太夫人所聞，呼仲仁進，倍予金而仍釋之。其人果改行。津人至今猶傳其事。

袁在北洋時，警備極嚴，出駕有頂雙馬車，悍將十餘，乘駿馬繞車前後。督署本一行宮，預備兩宮至津閱操而築，工程較固。袁所居者，為九間大樓。上下廊有荷槍實彈之衛士，輪班守護。署之前後，又分段派兵守護之。有一黑夜，署中槍聲連珠而起，咸呼獲一刺客。翌晨，若無事。後有與汪精衛相識者言，精衛嘗行刺袁於北洋，業受縛矣，自供為黨人所役。有幕客張某勸袁，不如釋汪以結黨人，而戒洩其事。張某或指仲仁，而仲仁不肯承也。然精衛因是與袁之長子克定結為生死交，並得資助，留學巴黎。精衛本老同盟會之中堅人物，更為袁遊說孫文諸人。至民國初元，孫文令與蔡元培北上迓袁者，亦因其素有淵源也。

後袁去北洋而入掌軍機，更倚重仲仁，批擬多出其手。值德宗與慈禧太后先後崩，令廢帝宣統嗣位。載灃得攝政，擬為先帝復戊戌之仇。蓋康、梁嘗謀殺榮祿，圍頤和園，為袁所洩，而政變遂作。至是將有大不利於袁，賴張文襄諫阻，乃託足疾放歸，起園林於彰德洹上村。仲仁亦鑒於宦海風波，移家南下，居葑溪之孔夫子巷。而汪精衛忽由巴黎歸國，偕蜀人黃樹中，潛運地雷入京師，謀炸攝政。事敗，賴善耆營救。或謂汪之炸攝政，即為袁洩忿；善耆之救汪，實袁所運動，非個中人固不能贅一詞也。

仲仁既返里，冀為桑梓謀幸福，當先從社會教育入手。與鄉人蔣懋熙、孔昭晉、馮守之等，謀請地籌款建一圖書館，再築一公園，自訂規則十餘條。未及實行，而浙撫增韞與仲仁為北洋舊交，函聘為總文案，屢電促行，並奏請以知府調浙候補。時政府為世界潮流所迫，預備立憲。仲仁至浙，即兼自治籌備處會辦。增倚之若左右手，乃以圖書館事專託守之。知守之頗具新思想，居因果巷。而仲仁向農務局領得察院場西之課桑園地若干畝，固與之鄰近也。

其時雲搏已由日本法政大學畢業回國，被任為京師地方檢察廳廳長。願圃以其母范太夫人之喪，守制家居，貧乏不能自存。仲仁為之介紹於今內閣總理靳雲鵬及華振基、高爾登。蓋靳等隨李經羲至雲南，充督練公所總參議、兵備處總辦、講武堂總辦等差。雲南陸軍編制開始，固不患無所安插也，並囑願圃攜一堂弟一鯤往。願圃至雲南，得充督練公所文案，因與蔡鍔、唐繼堯、劉存厚、李烈鈞、陳澤霈諸軍人相識。時秦樹聲任雲南按察使。秦與仲仁為特科同年，於宴會間偶為願圃談及雲南籌備司法，缺乏人才。願圃適接雲搏私函，有居京苦擾，將謀外簡等語，舉以告秦。旁座有王耒者，本雲搏至好，贊成尤力。秦因請李電調雲搏，迨雲搏至雲南，則願圃已調講武堂書記官。適高爾登與方聲濤等發起滇軍運動會，惹起法人排外交涉，高竟解職歸里。願圃為監督李根源所疑，亦辭職，依雲搏居數月，竟先歸里。

辛亥武漢起義，仲仁已入蘇撫程德全幕中。蘇城光復，力謀維持地方治安。首薦蔣懋熙為巡警總監，並堂弟一爵為承宣廳。願圃得其友裴熙琳介紹於蔣，任書記官。蔣知為仲仁兄弟，因優禮之。而雲搏在雲南，幾遭革命軍之厄，私財被亂兵刦掠一空。有蔡鍔力援，幸無事。據傳雲南得武漢之耗，講武堂監督李根源，恃有講武堂學生能受其指揮，首與蔡鍔、唐繼堯等祕密結合，謀回應。惟滇軍蠢蠢，不解革命為何事，則許以成事，凡督撫以下各官，及需次官之中屬旗籍者，皆得飽掠其私財。以總督李經羲為文忠公嫡裔，珍異必充棟，群起應之。重九日，滇軍政府成立，推蔡為都督。時滇軍已成二師，督練公所總參議有二：一為靳雲鵬，一為王振畿。靳已以肩輿置愛妾其中，偕一僕負之而逃。王猶梗議不服，乃託詞約之江南鄉館會議，駕機關槍環擊之，死狀至烈。惟滿人宦滇者絕少，兵士掠得物殊寥寥，以致波及漢人，所謂玉石不分也。七十三標因未滿所欲，謀起二次革命，且欲殺李根源。時李已晉師長。蔡念其起義功，屬暫督師迤西，一鯤從焉。雲摶得蔡任為秘書。南京政府電促各省派代表，選舉正式總統。滇軍政府覓相當人物，雲摶請行，得蔡承諾。遂攜其夫人方氏及子女，取道滇越鐵路，繞安南，航海而歸。時程德全為江蘇都督，任仲仁為秘書長，旋移都督府於南京。蘇州長、元、吳三縣合併為吳縣，省治竟降為縣治矣。

袁前總統當匿居彰德日，與朝中親貴及海外黨人，互有祕密往來。武漢革命軍起，袁早有所聞，已預備起用。蔭昌率軍南討，道彰德順謁之。袁故屏人私語曰：「鄂亂不足平，而吾度不浹旬，風潮將遍全國，子其慎之。」已而果如所料。北洋諸將為袁部居多，爭請起用舊帥。蔭昌自揣無力節制，疏密推袁。時瑞澂已乘軍艦逃滬，因授袁為欽差大臣，以湖廣總督便宜行事。慶親王素善袁，復言非畀以重任，不足收拾時局。適張紹曾以兵諫實行立憲，勅議會舉閣員。議員多推重袁，遂擢總理大臣，遙領前敵軍事。入京請罷攝政，朝右懾於威望，不敢違。且予侯爵，以示寵異。迨段祺瑞等電請讓國，復受命為全權代表，南下議和。

實則孫文本為袁所豢養[1]，固願以第一任總統相待，袁特假孫文等作一過渡耳。第民黨中除汪精衛外，知者實鮮。孫文又不欲自暴其弱點，而民黨於袁，遂起無數波折。迨袁在北京就總統職，舊在北洋幕中者，咸作攀龍附鳳之想，獨仲仁不往。袁以為賢，連電促之行。時政事堂秘書長為梁士詒，仲仁為秘書，位居

1 這裡顯係對孫中山污蔑之詞，不確。

梁下。而機要事悉屬仲仁，設機要局，遂簡為局長。復移家至京，居西城之後泥灣。留雲搏寓滬，經理《時事新報》，為研究系之機關報也。仲仁無黨派，以研究系多文學士，較為接近，人多以此疑之。惟報界品流至雜，為雲搏所不耐，棄而入司法界，得任江蘇司法籌備處處長。蔣懋熙賴仲仁力，任為江蘇財政廳廳長。願圃在蘇州員警廳，已歷升至行政科科員，兼馬路工程事。一爵、一鯤者胞兄弟也。一爵字雨葵，留學德國，富於軍事知識，與蔭昌素有淵源。至是蔭任總統府侍從武官長，薦為總統府侍從武官。一鯤字扶九，曾充學堂教員，隨願圃入滇，後隨李根源赴迤西，竟得克復大理功，授陸軍中校，並給四等文虎章。在張氏兄弟中，惟此二人為軍人。當大理捷電至京，袁見有張一鯤名，以詢仲仁，應曰：「此堂弟也，向無軍事學識，安得是。」袁以為奇。即願圃等見報端披露其事，亦疑信參半。迨其父是保接扶九來信，始知亂世功名，任人自取，固不容輕量天下士矣。

願圃因此進取之念，措資赴日本留學法政，得插班，考試畢業而歸，取得律師資格。遂應第一屆知事試驗，以丙等及格，意猶怏怏。仲仁笑解之曰：「弟幼呼丙生，會考丙等，可謂丙丙。」頤圃復南下攜眷至京，得仲仁月貼十餘元，賃居東城之觀音寺。以丙等知事，須肄業內部地方行政講習所年半，始得分發也。雲搏亦來京，改就平政院庭長職，居西城之靈清宮。吳太夫人時往來於仲仁、雲搏之家。老年人無所消遣，與子侄輩打牌為樂，偶強仲仁，不敢故逆母意，勉應之，惟事繁，或不及終局耳。更有雨葵居西城之粉子胡同，惟是謇以體弱居蘇，經理公民布廠事。公民布廠者，為仲仁、雲搏及楊廷棟、費樹蔚等合資經營之事業也。其子一新，以肄業京師巡警學堂，值課餘則至仲仁、雲搏、雨葵、頤圃之家。論張家弟兄，已大半居京矣。後頤圃以地方行政講習所畢業，分省雲南。蔡鍔已內用經界局督辦，繼任者為唐繼堯。頤圃與唐雖相識，蔡更馳書為之道地，終以邊遠難行。聞蔣懋熙改任浙江財政廳廳長，謀諮浙，乃孑身南下。值蔣為省長屈映光所劾，即日離任，遂悵然返滬。仲仁已囑一新伴送其夫人孔氏航海歸，決議赴雲南。以道經越南，須請駐滬法領事簽發護照，復候一星期之久。附招商船，四日至香港，換法公司船，又兩日至越南之海防口，登岸，改乘火車，行約兩日，至滇越交界之老街，僅一小河為界，架橋河上，通火車，即法國政府所築之滇越鐵道也。過橋為雲南邊境，地名河口。乘火車行一日至阿迷。適扶九以軍職借補阿迷縣知事，願圃於上海啟程前，曾與通信，因出迓於車站，當晚即宿扶九署中。六年闊別，萬里歡聚，愉快自不待言。扶九並述其克復大理功，願圃隨筆記之。其文曰：

民國二年贛寧亂作，黨人郭嘉賓入滇運動響應。大理匪首楊春魁，為張文光餘孽，習見文光假託革命，濫邀勳位，心慕之而苦無機緣。聞嘉賓至大慰，囑其死黨莫春榮等與之約期舉事。聲言政府加收鹽糧稅厘，並將鹽課抵借外款，名為共和，禍逾專制。現奉孫文、黃興頒給金牌，密令舉行二次革命，實行南北分治等語，以圖煽惑人心。屢誘駐榆步四團兵士祕密會議，覓購槍械子彈，於十二月八日發難，以榆團為前鋒，戕官據城，先劫餉械局，占旅司令部，分攻各重要機關。復設偽職，編各營隊，眾約四千餘人，有敢死獨立大隊、先鋒第一二營、保衛營、憲兵隊、親隨軍等名目。楊則自居總司令以指揮之，氣焰大張。鄰近各縣無不懾伏。先是榆團一部分附楊，營長栗飛鵬毫不知情，其營紮下關，距大理城約六十里。扶九時充稅官，收稅所亦不（？）在下關。至是楊欲收栗之第三連兵士為己用，栗走告扶九，並言省軍若至，楊力決不足以相抗。扶九察其意誠，乃與密商復城方略。苦無人為內應，扶九笑曰：「不入虎穴，焉得虎子？願告奮勇。」乃入城投效，頗為楊所信任。因將楊之機密電告省垣，請派兵援應。並嗾悍匪各率叛兵之敢戰者，四散分駐，為釜底抽薪之計，城中僅留親隨軍及新附之兩營。約栗於十八日楊至下關商會收取攤派餉銀時，就半途狙擊之。謀泄，扶九狼狽出走。楊大索城中不獲。派兵赴四鄉躡尋，得栗派船於海東迎扶九歸下關。有袁吉臣者，亦楊所親信，扶九以利餌之，暗相結合，更約袁為內應。二十二日，扶九屬栗就第三連挑精銳七十餘人，擬乘黑襲城。有偽炮營管帶張志成，以開花炮扼守黑龍橋，兵不得前，連夜掉小舟從水道繞行。得於二十三日拂曉抵大理城外，俱內應無一至者。事急，扶九命各兵以肩乘足梯立而上，手揮緬刀，首逾大理城而入。更斬關納栗及城外兵士，高喊省軍已至。楊不敢拒。扶九等勇氣百倍，直撲偽司令部。僅斃沿路路鬥之叛兵二十餘人，及駐守偽部之偽監印以下數人，並擒偽副司令、偽稽查等。檢偽庫尚存現款四萬餘元，立邀當地紳商清查保管，以備善後之需。一面鳴金安民，不許妄行殺戮。叛兵中有千餘人繳械請降，擇土著者編制成軍，分駐上下兩關。又編憲兵稽查隊得百餘人，派赴城內外巡邏。復恐快利槍枝散為匪徒所有，則貽害地方甚巨，令凡繳槍者獎之，前事概不深究。竟於三日中繳存快槍二千餘支，人心漸安。以省軍未至，兵力尚單，而楊春魁在逃未獲，張志成仍駐下關未降。急募民團得數百人，以保衛地方。嗣悉楊匿瓦村之文昌宮，匪黨遙附者尚有三百餘人。由栗飛鵬率其第三連兵士往捕。楊猶身挾四槍，死拒不出，乃積薪於文昌宮外，縱火逼之。屋毀，楊竟壓斃其中，當場驗明攝影，暴屍安眾。匪黨聞而氣奪。扶九復單騎馳至下關偽炮營，曉以大義，動以利害，匪眾願降。以張志成舉動叵測，託辭調城防者，勒令繳械，擒張一人置於法，余眾分別編遣。適鎮守使謝汝翼由省垣率大軍馳至，奇扶九之才，任為參謀。計大理城陷以迄恢復，前後僅十有六日。非有扶九之精心籌畫，與粟飛鵬之合力經營，決不能奏功如是之速也。

文成，扶九欲假仲仁名，覓袁嘉穀書之，刊碑以存紀念。顧圃曰：「存諸家乘則可。」或以稿寄仲仁，請其另撰一文，送上海各報登之。扶九意不謂然。顧圃以到省限期已滿，遂由阿迷乘火車一日抵省。雲南到處是山，滇越鐵道築於山上，工程極險。夏秋間水勢暴發，鐵道時為沖斷，尤不利於火車晚行。自河口至省，本一日夜可達，以無夜車，不能不在阿迷過宿。阿迷遂為衝要，並設鐵路員警總局於其地。局長商文炳，固覬覦為縣知事者，特扶九未之覺耳。顧圃既到省，即委為禁煙專員，兼代路南縣事。時北京之帝制問題已發生，楊度得袁克定助金二百萬，於都設籌安會，各省設分會。武人頭腦簡單，加入者頗多。雨葵時在統率辦事處，竟列名於會籍，仲仁知而面斥之，已無及矣。惟雲搏能承仲仁意旨而行。仲仁感袁知遇之恩，以民黨尚未貼服，改國實不利於袁，特謁袁，反覆陳利害。適政事堂大開會議，列席者武人占多數。今總統徐世昌時為國務卿，坐與仲仁相近。方議籌備大典事，仲仁欲出反對，才發言，已有按手槍努〔怒〕目覘仲仁者。徐起立，牽仲仁之衣曰：「仲仁可隨我來。」因未終席。當晚，具呈辭機要局局長，復有人投炸彈於其私邸，傷一駕車之馬，使知儆焉。於是袁之左右，輒引仲仁事相戒，紛紛勸進。梁啟超因逃至天津特撰一文，暢論國體問題，寄袁以盡忠告。

蔡鍔，字松坡，寶慶人。曾肄業於長沙時務學堂，因為梁啟超弟子，至是忌梁者更忌及蔡。松坡為韜晦計，日沉溺於酒色之中。更暱一北伎小鳳仙，示無大志。乃假肺病乞就醫日本，實則至津晤梁。已變易姓名，乘郵船逕達香港，而潛渡越南矣。

先是，李烈鈞聞袁蓄異志，偕其密友陳澤霈匿越南，謀借唐繼堯兵力以倒袁，遣陳入滇遊說。唐恐力不足以勝袁，則為李所賣，特贈陳二千金，囑其阻李入滇。復以黨人意圖入滇謀亂等語，密電告袁。松坡至越南，李、陳述唐態度如此。而滇軍將領多屬松坡舊部，不期而私會者約數十人。唐得報，知松坡等勢盛，不宜堅拒，因遣其弟繼禹至越南代為歡迎。並電告沿途地方官及軍警，一律歡迎，是日顧圃以查勘煙苗過阿迷，訪扶九。其妾張素娥稱於前一日得道尹周沆電召至蒙自。見其簽押房置兩電，因啟視之，一為省垣將軍府所發，係歡迎蔡鍔諸人，一為北京統率辦事處所發，係用統密字樣。見案頭有統率辦事處電碼本，譯出則與省電意適相反，有「蔡鍔入滇，設法圖之」等語。因思李烈鈞自第二次革命後，掛名黨籍，何竟與松坡相合。而省電又以之與松坡等視，一律歡迎。則松坡於京，必然發生事變；而唐將軍態度之難測，或因此與政府脫離，固在意料中。驚訝良久。忽鐵路員警總局商局長遣人速縣長同至車站歡迎。顧圃以與松坡有舊，並意仲仁知其來滇，或託隨帶信件，遂匆匆至車站，遙聞汽笛嗚嗚聲自遠而至。車停，殷承瓛、李烈鈞、戴戡諸人，先由頭等車出，後為松坡，有兵士數人夾護之。

顧圃趨前，對松坡一鞠躬，以預備行轅於法國飯店，而歡迎者頗眾，擬俟客散往談，就車站略作徘徊。忽見扶九同周道尹由二等車出，身穿獵裝，一手插衣袋中，呼之不應，逕趨大觀樓旅館。迨顧圃躡蹤而入，二人正坐室隅室談。周見顧圃入，即起身出外。惟扶九俯首若有所思，呼之語不應，詢之急，則閉室而慨然言曰：「今日事大難。」顧圃曰：「何難？」扶九曰：「兄殆未知京中事乎。」顧圃曰：「統率辦事處來電，兄見之矣。然宋教仁死，而趙秉鈞、洪述祖、應桂馨等，仍不能得袁之庇護，其事可為寒心。」扶九默無語。一手惟在衣袋摸索，顧圃牽其手出，則握有一白郎林在手。顧圃曰：「需此何為？」奪之，緊握不放，但曰中有子。因為剖陳利害，答語稍緩和。傾子出，連白郎林仍置袋中。天漸昏黑，同返縣署。顧圃取統率辦事處電示之，扶九曰：「在季貞處早見之。」季貞者，周沆字也。顧圃曰：「弟殆欲甘心於松坡乎？」扶九曰：「此出季貞意，及今思之，兄言亦殊有理。」

晚餐後，顧圃偕扶九至法國飯店，唐繼禹邀扶九密談。顧圃獨謁松坡，入其室座客幾滿。略寒暄，詢京中事。松坡曰：「足下殆未閱報乎？」詢仲仁安否，則曰：「甚安。以我觀之，或終不安。我行甚匆促，未及與令兄言別。惟前一日，曾送令兄盆桂二，盆者朋也，桂者歸也，隱示朋友欲歸之意。此種啞謎，令兄或未猜透。以令兄道德學問，我極欽佩。今日得晤足下，猶令我懷想令兄不置也。」談次，若不勝欷歔太息者然。顧圃欲告以統率辦事處來電，猶礙於旁人耳目。且電存扶九懷中。因招扶九，則云有事返署矣。遂起辭，松坡送至門，略以電意告之。急返署，則云扶九又至法國飯店矣，惟已易衣而出。猶裝西服猶存簽押房中，白郎林及子均在衣袋，直候至夜深，扶九始歸。詢其何事逗留，則云蘋賡以川資缺乏，向弟借洋六百五十元，故返署取款與之。蘋賡者，唐繼禹字也，後以上海販土案改名繼虞。迨廣州軍政府成立，時有唐繼虞充唐繼堯代表出席者，即其人也。扶九復言季貞寓大觀樓，弟因往視，頗責弟無膽。弟勸渠暫耐，渠言大事必為弟所誤。顧圃以翌晨須至東車站歡迎，促扶九歸寢，而扶九為顧圃設榻於其簽押房中，備有鴉片煙燈槍。其煙為建水土製成，細麻白泡，為雲土之佳品，且燒且吸，胸積思慮極多，幾於無一是處，以致神經錯亂，昏昏入黑甜鄉矣。迨得扶九喚醒，榻前太陽已滿。則扶九已自車站歸矣。以不及送松坡等，急於返省。至次日顧圃遂別扶九而行，並囑勿離阿迷，省中情形當隨時函告。

到省後連謁松坡，均不獲晤。時雲南財政廳廳長籍忠寅，固仲仁、雲搏所識。其總務科長徐雋，字果人，武進人。顧圃以鄉誼時相過從。偶談時局，則言滇軍將起義。唐繼堯與蔡鍔、李烈鈞、戴戡、羅佩金、熊克武、任可澄、劉祖武、張子貞、方聲濤、庾恩瑒、陳廷策、劉法坤、成桄、顧品珍、孫永安、由雲龍、劉雲峰、楊蓁、唐繼禹、黃毓成、趙又新、殷承瓛、李曰垓、龔振鵬、戢翼翹、楊杰、李雁賓、但懋辛、周官和、葉成林、歐陽沂、何海清、馬為麟、吳和宣、盛榮超、鄭塤、李沛、李友勳、徐進、馬驄、秦光第、李修家、李朝陽、董鴻勳、趙世銘、李琪、胡道文、王伯群及其廳長籍忠寅等，在五華山將軍府中連開五次軍事會議。並歃血宣誓，已發電請袁取消帝制，懲辦籌安會諸人。如無滿意答覆，當通電全國，宣布雲南獨立。時為民國四年十二月二十四日也。

顧圃急返寓，草一長函致扶九，再赴財政廳訪徐，云有急事赴廳長私宅。翌日出門，雲南獨立之說，已喧傳通衢矣。連謁松坡不晤，投函亦報。至三十日晚，得果人走告，扶九已在河口被逮，因何事未詳。急函求松坡，蒙遣人傳語，謂令弟事當解省歸司法裁判。復有同鄉謝理伯送扶九自河口發來急電，文為：「事急，請求筱齋、叔桓、毓初援救鯤。」凡十三字。筱齋者今雲南總司令字也。筱齋與扶九交厚，時充雲南兵工廠總辦。因謁筱齋，則云有人向都督告密，謂令弟與蒙自道尹周季貞得袁政府密電，將不利於松坡諸人。松坡謂與令兄仲仁等為摯交，其弟兄決不為此，事已不究。當日又接阿迷鐵路員警總局商局長來電，謂令弟有公款七八萬，攜眷出走，已電河口截留，請示核辦等語。都督以起義伊始，張一鯤意存反抗，可令河口就地正法。嗣得松坡及弟等緩頰，已令解省懲辦，容再設法。叔桓、毓初已均接洽，請寬心。退出順訪果人，則云令弟於今晚解省，因至車站守候。車至，見扶九滿身刑具，有荷槍兵士圍繞，不放人近前，竟擁向都督府而去。都督府即將軍府，民國二次革命後，都督已一律改稱將軍，至雲南獨立，復稱都督。

其時雲南高等審檢廳亦改組，稱司法廳。扶九經都督府略訊數語，發交司法廳拘留，並許人探望。頤圃往晤，則云筱齋、叔桓、毓初力似不及，望兄再求松坡。乃作函致松坡。略謂雲南財政廳為全省收入總機關，尚無七八萬之存儲，何況阿迷一縣，顯係商局長捏詞聳聽。至舍弟若有不利於公等，則遭在阿迷法國飯店所告者，當能憶及等語。得復則歷敘仲仁、雲搏、雨葵交情，並有於扶九義當援手語。以示扶九，其心頗安。並得松坡委頤圃為護國軍第一軍秘書，託其副官何某勸駕。扶九聞之，謂雲南反對帝制，無殊以卵敵石，異日大軍壓境，弟當代唐而為將軍，兄亦不失為巡按使，若隨第一軍赴川，徒受危險，或致禍及在京諸兄。顧圃意動，乃力辭，託稱路南事尚未交代，急離省。

嗣聞龍濟光家屬在逢春嶺起事，箇舊、蒙自已為所得。省中查得扶九與龍少臣暗通聲氣，已加重刑具移禁模範監獄，因急附火車返省，則車站已有憲兵數人守候，稱都督有要事面詢，肩行李先行，復有扶肩輿者數人，輿停，見為警務處，非都督府也。詢以何為來此，則云不知。既而為荷槍員警押入一室，無椅無桌，幸電燈甚明，身旁帶有鉛筆日記簿。急擬電文探投松坡，以一金錶贈廚役送電局拍發焉。至民國五年三月十五日，扶九竟被害。而顧圃得免者，以松坡一電相援，果人、理伯及盈泰新經理王養年均有力也。

嗣聞松坡在川為曹錕、張敬堯所扼，親赴第一戰線，與士卒同甘苦。知其為統兵官者，以腰繫一紅色絲條，略可辨識而已。即李烈鈞所率之護國軍第二軍，亦在廣南為龍覲光前鋒所敗。唐繼堯已將私財運赴香港，眷屬赴越南，預備棄滇而走矣。旋以龍覲光兵經廣西，陸榮廷與龍為兒女親家，特設盛席款待。龍殊倨傲，師長陳炳焜不服，勸陸以計困之。陸頷之。陳遂託詞粵軍有騷擾事，請收械。時袁已許龍以王位，因謂王爺前鋒入滇，捷電屢至，盡可安坐南寧以待之，無事虎駕遠征也。龍受其訣，即令代收粵軍械。械繳過半，廣西竟宣布獨立，龍被軟禁。其前鋒得耗，無意與護國軍戰，李烈鈞攻之乃降。四川將軍陳宧得廣西獨立電，亦宣布獨立。北京得兩省先後獨立報，知人心未附，急取銷帝制。起段祺瑞組織內閣，段以仲仁聲譽至隆，無論民黨非民黨，盡以為賢，強之出任教育總長。立調曹錕、張敬堯軍隊，各回原防。即令松坡代陳宧督川，大局始轉危而安。復密遣曲同豐入陝，說陳樹藩逐陸建章。陸與陳宧、龍覲光等，皆袁所視為干城之選者，至是一敗塗地。

袁思半世英名，行將掃地，即總統地位得保，亦無顏人世矣。未幾即病，病即歿。歿之日，仲仁哭之慟，蓋袁固仲仁知己。無袁，仲仁且不能享此大名也。惟扶九以信袁過深而遇害。顧圃亦因弟兄關係，遭有帝制嫌疑，出獄後，唐繼堯偵察猶嚴，常往來於女伶馮月娥、陳惠峰之家，日吸鴉片煙兩許，示無他志。迨袁歿，雲南防範稍懈，顧圃告貸於同鄉朱竹生，得數十金，乘中秋月夜，出南門，宿於車站法國飯店。破曉，由飯店便門登火車，至海防，匿法公司船之煤艙中。至粵，得嚴家熾資助返滬。嚴與顧圃為葭莩親，時則新任廣東財政廳廳長也。蘇人訛傳願圃已死，抵里門，親友咸走賀。擬再入川依松坡，閱報知松坡暴卒於日本福岡醫院，為文私祭之。並輓以一聯曰：「倡義原求先死國，知恩尚有再生人。」紀實也。

仲仁既為教育廳長，頗提倡社會教育。蘇人中如董瑞椿、陳懋治、陸基，皆仲仁汲引者，以避政潮南下，就上海商務印書館總編纂事。時黎元洪繼袁為總統，馮國璋以調停南北，恢復舊國會功，被舉為副總統，兼領江蘇督軍，仲仁為馮舊交，馮因任之秘書長。復辟禍作，黎被張勳逼退，段祺瑞自馬廠起兵討之，事平，馮以副總統代理總統，任仲仁為總統府秘書長，同入京。段自恃功高，其黨徐樹錚尤專橫，馮從仲仁議，欲息南北爭，以求統一，屢為段梗。馮、段之間時有齟齬，得仲仁為之力任調和。

徐樹錚以舊國會移廣州，主張召集新國會，勸段大借外債，以組織安福部，謀舉段為正式總統。馮亦有總統望，相持急，新國會成立，遂舉今總統徐世昌，馮與段同時下野，而段以加入協約功，稱參戰督辦，主參戰處事如故。仲仁雖解職，由徐聘任總統府高等政治顧問，仍留京。雲搏則由平政院庭長，代理院長，出任江西財政長，復入而改任司法部次長。吳太夫人猶老健，兄弟二人，得常侍晨昏，樂可知矣。

＊本文原載中國社會科學院近代史研究所編《近代史資料》總六〇號，文前之編者按語略云：「《張一麐》一書作者張一澧，為張一麐之堂弟。該書於一九二二年由吳縣市鄉公報社出版，時吳縣選舉第三屆江蘇省議會議員，吳縣總商會、教育會等團體推張一澧執筆，述張一麐之經歷，刊於當時蘇地各報，後單印成冊。書中除記述張一麐經歷外，並間記作者本人耳聞目睹的一些重大歷史事件的見聞，如記汪精衛與袁世凱的關係，二次革命時雲南革命黨人的反袁活動，護國戰爭時袁世凱策劃在雲南暗殺蔡鍔的陰謀等，都有一定史料價值。全書共三萬餘字，書之後半部分，主要引錄張一麐一九一九年以後有關時局及辦教育的電文，內容一般，故刪，今刊出者係書之前半部分，並改題作《張一麐生平》。由甘蘭經同志整理。」文中之注為原整理者所加。

《心太平室集》跋

民國三十二年春，予被命將自渝都重來東南，方戒裝待發，值廢曆歲除之夕，風雨蕭然，燈火青熒，忽門外有剝啄聲，啟扉則我張丈仲仁也。予怍丈何躡屐夜行，丈愀然曰：「將有以煩子。」既肅入，乃囁嚅曰：「平生述作初不自惜，晚蒐其遺得如干卷，其原稿與日記寫本存港島寓樓，陷敵後悉付之火，惟副墨昔為某君攜滬，當尚得全。然某君將不獲自全，我又何能託以全耶？子將之滬，試為索於某君所，果得之，善為我藏弆，他日中原北定，幸藉子之手以行於世。即不然，能傳寫數帙分存於南北各圖書館中，亦感無既矣。」又曰：「我文不足覆瓿，而卷末附有先人之什曰《先德集》，天壤間僅存此耳，設湮沒不傳，將何以對先人耶？今重以付吾子矣！」予謹諾，曰：「敢不如丈命！天象吾丈，必有以報也。」始讙然色喜，談諧移時。及送丈歸打銅街交通銀行寓樓，臨別又愴然曰：「子其東矣，顧我此生亦尚有東歸之日耶？抑以我之衰即子之及秋而歸，亦烏能必其重相見耶？」相與悽愴不自勝。

迨予既潛抵滬瀆，亟就商於陳丈陶遺，跡某君之居而得其稿，顧凌亂甚，乃乞陳丈為之編定，陳丈遜謝謂：「敬禮定文，非所敢承。」則又捧之至吳門，叩金丈松岑之闗，金丈慨然諾，期以三月蕆事。予喜而遄返，將以報丈，乃行至大梁而丈之赴音聞矣，既傷丈之不作，益惕然於付託之重。越年又奉命出渝，更潛至滬，則金丈編閱已竣，汰其稿之大半，郵予女弟赴蘇取歸，仍存之陳丈處。時勝利將臨，敵已負嵎，轉變之機安危未卜，陳丈大以孤本流傳散亡是懼，而急切又無金匱石室之藏，適馬君蔭良來訪，蔭良亦丈故交也，力任傳鈔之役而分存諸銀行保管庫中，予與陳丈始稍慰。又越年頑敵受降，凱歌聲中，蔭良鄭重舉以見歸，如完趙之璧，重一展視，恍如隔世。惟金丈所編次存汰者已不可復分，遂並存之，且以丈入蜀以後之作多可歌可泣，不應有遺珠之憾，而喪亂屢更，搜求不易，即《八一三紀事詩》當時有油印本、有商務書館香港印本，尚且求之經年始得，他更無論！而中原俶擾，物價日高，大恐蹉跎時日，後更難圖，乃亟付之手民，今幸觀成有日矣。

嗟乎！以仲仁丈之亮節高風，危言遜行，天下之所仰望者豈僅在文字間耶？千秋萬世，丈之所託以不朽者，亦豈僅在文字間耶？抑文字之存亦豈僅此區區者耶？然即此區區者之得全亦已不絕如縷，非陳丈陶遺、馬君蔭良周護於前，而嚴君欣淇首助印資、顧君起潛力任編校，印資所不足者，又承杜月笙、錢新之、浦心雅、錢梓楚諸先生為之籌，維亦烏能竟其功耶？回念疇昔之夜，丈之所殷勤屬付，雖得以稍慰，亦重有感矣。而此一年來，陳丈陶遺、金丈松岑相繼謝世，金丈允為之序竟不及削稿，是則於斯集告成之日，益不勝其延陵掛劍之悲、黃壚回車之痛矣！

民國三十六年七月

後學吳江徐子為敬跋於滬壖

《心太平室集》跋二

先二叔父仲仁公汪山捐館，瞬閱四年，生平著述於己未歸田後手自刪定，錄副存之。丁丑避亂，輾轉窮鄉，流徙港渝，隨置行篋，不無散佚。今夏杜月笙、嚴欣淇、錢新之、浦心雅、徐子為、錢梓楚、汪伯繩諸君發起校印遺書，編為《心太平室集》十卷，曾大父及大父遺詩同時付梓，庶誦芬詠駿，知名德之有自，而公之文學事功亦略見於是矣。竊念公耿介不阿，平生出處進退無一非關係國脈世運者，若辛亥襄贊革命、乙卯諫阻袁氏稱帝、辛酉提倡廬山國是會議、甲子謀弭齊盧兵爭，迨丁丑倭寇內犯，公已年逾古稀，猶持「天下興亡，匹夫有責」之義，間關入蜀，遂任參政，每屆開會輒被推代表致詞，言論風采朝野仰望之若祥麟威鳳焉。

惜乎論政商學之書札、呼籲和平之通電、參加集會之演詞，與夫晚年革新文字之闡述，今皆無存。際此時事杌隉國國隉，搜集綦難，則此僅存之遺稿彌足珍貴。為章不肖，早年失怙，仰賴二三兩叔父耳提面命，教誨成立，詎料未睹國軍凱旋已先後見背，小子旁皇無依，其感痛為何如耶？遺集排印工料為數甚巨，幸承親友資助始克有成，顧君起潛獨任編校之勞，尤為難得，此俱為我張氏子孫所永矢不諼者也。

中華民國三十六年八月

胞侄為章謹跋

血歷史143　PC0785

新銳文創
INDEPENDENT & UNIQUE

袁世凱秘書長張一麐回憶錄：
《古紅梅閣筆記》

原　　著	張一麐
主　　編	蔡登山
責任編輯	劉亦宸
圖文排版	周妤靜
封面設計	王嵩賀

出版策劃	新銳文創
發 行 人	宋政坤
法律顧問	毛國樑　律師
製作發行	秀威資訊科技股份有限公司 114 台北市內湖區瑞光路76巷65號1樓 電話：+886-2-2796-3638　傳真：+886-2-2796-1377 服務信箱：service@showwe.com.tw http://www.showwe.com.tw
郵政劃撥	19563868　戶名：秀威資訊科技股份有限公司
展售門市	國家書店【松江門市】 104 台北市中山區松江路209號1樓 電話：+886-2-2518-0207　傳真：+886-2-2518-0778
網路訂購	秀威網路書店：https://store.showwe.tw 國家網路書店：https://www.govbooks.com.tw

出版日期	2019年1月　BOD一版
定　　價	290元

Printed in Taiwan

國家圖書館出版品預行編目

袁世凱秘書長張一麐回憶錄:《古紅梅閣筆記》 /
張一麐原著 ; 蔡登山主編. -- 一版. -- 臺北
市 : 新銳文創, 2019.1
面 ;　公分. -- (血歷史 ; 143)
BOD版
ISBN 978-957-8924-41-3(平裝)

1.張一麐 2.回憶錄

782.885　　107020580

讀者回函卡

感謝您購買本書，為提升服務品質，請填妥以下資料，將讀者回函卡直接寄回或傳真本公司，收到您的寶貴意見後，我們會收藏記錄及檢討，謝謝！如您需要了解本公司最新出版書目、購書優惠或企劃活動，歡迎您上網查詢或下載相關資料：http:// www.showwe.com.tw

您購買的書名：________________________________

出生日期：________年________月________日

學歷：□高中（含）以下　□大專　□研究所（含）以上

職業：□製造業　□金融業　□資訊業　□軍警　□傳播業　□自由業

□服務業　□公務員　□教職　□學生　□家管　□其它____

購書地點：□網路書店　□實體書店　□書展　□郵購　□贈閱　□其他

您從何得知本書的消息？

□網路書店　□實體書店　□網路搜尋　□電子報　□書訊　□雜誌

□傳播媒體　□親友推薦　□網站推薦　□部落格　□其他________

您對本書的評價：（請填代號　1.非常滿意　2.滿意　3.尚可　4.再改進）

封面設計____　版面編排____　內容____　文／譯筆____　價格____

讀完書後您覺得：

□很有收穫　□有收穫　□收穫不多　□沒收穫

對我們的建議：________________________________

____

____

____

請貼
郵票

11466
台北市內湖區瑞光路 76 巷 65 號 1 樓
秀威資訊科技股份有限公司 收
BOD 數位出版事業部

（請沿線對折寄回，謝謝！）

姓　　名：＿＿＿＿＿＿＿＿　年齡：＿＿＿＿　性別：□女　□男

郵遞區號：□□□□□

地　　址：＿＿＿＿＿＿＿＿＿＿＿＿＿＿＿＿

聯絡電話：(日)＿＿＿＿＿＿＿＿（夜）＿＿＿＿＿＿＿＿

E-mail：＿＿＿＿＿＿＿＿＿＿＿＿＿＿＿＿